高职院校产教融合
人才培养
方法研究

张影 陈苗苗 宋敏 著

延吉·延边大学出版社

图书在版编目（CIP）数据

高职院校产教融合人才培养方法研究 / 张影，陈苗苗，
宋敏著. -- 延吉：延边大学出版社，2024.5
ISBN 978-7-230-06625-9

Ⅰ．①高… Ⅱ．①张… ②陈… ③宋… Ⅲ．①高等职
业教育－产学合作－人才培养－研究－中国 Ⅳ．①G718.5

中国国家版本馆CIP数据核字（2024）第110925号

高职院校产教融合人才培养方法研究

著　　者：张　影　陈苗苗　宋　敏
责任编辑：史　雪
封面设计：文合文化
出版发行：延边大学出版社
社　　址：吉林省延吉市公园路 977 号　　　邮　编：133002
网　　址：http：//www.ydcbs.com　　　E-mail：ydcbs@ydcbs.com
电　　话：0433-2732435　　　传　真：0433-2732434
印　　刷：廊坊市广阳区九洲印刷厂
开　　本：710 毫米 ×1000 毫米　1/16
印　　张：11.25
字　　数：200 千字
版　　次：2024 年 5 月第 1 版
印　　次：2024 年 5 月第 1 次印刷
书　　号：ISBN 978-7-230-06625-9

定　　价：78.00 元

前　言

在 21 世纪这个知识经济与信息高速发展的时代，高职教育作为国家人才培养体系的重要组成部分，承担着为社会经济发展提供高素质技术技能人才的重要使命。产教融合作为高职教育的一种创新模式，旨在通过教育与产业的深度融合，实现人才培养与市场需求的有效对接。本书以高职院校产教融合人才培养方法为研究对象，旨在探索新时代背景下产教融合的新理念、新模式与新路径，为提升高职教育质量、推动产业转型升级提供理论支撑与实践指导。

产教融合强调学校与企业之间紧密合作，通过资源共享、优势互补，共同参与到人才培养的全过程中。这种合作模式不仅能够提升学生的实践能力和职业素养，使其更好地适应市场需求，同时也能够推动企业的技术创新和产业升级，实现教育与经济的良性互动。因此，深入研究产教融合人才培养方法，对于促进高职教育与产业的协同发展，培养更多适应新时代要求的高素质技术技能人才具有重要意义。

当前，我国高职教育产教融合虽然取得了一定成效，但仍面临诸多挑战与问题，如体制机制不健全、合作内容与方式单一、人才培养质量与社会需求脱节等。这些问题的存在制约了产教融合的深入发展，弱化了高职教育的人才培养效果。因此，本书将从高职院校产教融合现状入手，深入剖析高职院校在产教融合人才培养过程中存在的问题及其原因，为后续的对策研究和模式创新提供现实依据。

在未来的研究过程中，我们将始终关注高职院校产教融合人才培养的最新动态和前沿趋势，不断更新和完善研究内容和方法体系。同时，我们也期待与更多的同行专家、企业家和教育工作者进行深入的交流与合作，共同推动高职院校产教融合人才培养事业的发展与进步。

目　录

第一章　我国高职院校产教融合概述

我国高等职业教育多年来的健康发展，既是对校企合作、工学结合的实践探索，也是对坚持产教融合这一重要经验的最好诠释。尤为可贵的是，中国特色高职教育改革是从基层院校的实践探索开始的，一批高职院校坚持与产业互通互融，努力将代表产业发展趋势的优秀元素融入教育教学过程，在创新人才培养模式、建设专兼结合的教学团队、服务社会、服务地方、服务企业和形成办学特色等方面取得了明显成效，加快了高职教育改革的步伐，走出了一条不同于传统高职院校的发展之路，将产教融合的内涵提升到一个新的高度，显示出了空前的活力和勃勃生机。

第一节　我国高职教育及其发展历程

一、高职教育的含义

高职教育，即高等职业教育，由专科、本科层次的高等职业学校和普通高等学校实施。高级技工学校、技师学院，经省、自治区、直辖市人民政府审批，可以设置为相应层次的高等职业学校，同时保留高级技工学校、技师学院的名称和功能。高职教育是我国高等教育的重要组成部分，也是职业教育的高等阶段，主要培养具有一定理论知识和较强实践能力，面向基层、面向生产、面向服务和管理一线职业岗位的实用型、技能型专门人才。高职教育的关键词为"高等教育""职业教育""一定理论的知识""较强的实践能力""一线职业岗位""实用型人才""技能型人才"。理解高职教育的含义，对高职院校的实际教学工作有着非常重要的指导意义。

二、我国高职教育的发展历程

（一）探索起步阶段

改革开放以来，我国经济快速发展，急需高层次应用型技术人才。1980 年，中华人民共和国教育部（以下简称教育部）批准成立了十三所职业大学，标志着我国高等职业教育的开始。1985 年，中共中央颁布《关于教育体制改革的决定》，提出要逐步建立起一个从初级到高级、行业配套、结构合理又能与普通教育相互沟通的职业教育体系，这为建设一支高素质的劳动大军打下了基础。在此之后，教育部先后批准成立了九十二所职业大学，这批职业大学主要集中在省会城市和经济发达城市；同时还在原国家重点中专的基础上发展了一批专科学校，以发展高等职业教育。职业大学快速发展，是高职教育结构调整的一件大事，对高职教育的长远发展具有深刻的影响。

（二）稳步发展阶段

自 1994 年起，《中华人民共和国教师法》《中华人民共和国劳动法》

及《中华人民共和国职业教育法》（以下简称《职业教育法》）等一系列法律法规相继施行，使我国职业教育进入了更规范的发展阶段，特别是《职业教育法》的颁布，对职业教育各方面的职责以法律形式作了明确规定，标志着职业教育事业走上依法治教的新时代。1996年，教育部根据当时的实际情况提出通过"三改一补"的方针来发展高等职业教育，并要求高职教育主动适应社会发展与科技进步的需要，培养生产、服务一线需要的高级技能型人才。

（三）快速发展阶段

教育部高度重视高等职业教育的发展，并于1998年提出"三多一改"发展高职教育的方针。所谓"三多一改"，就是多渠道、多规格、多模式发展高职教育，重点是进行教学改革，真正办出高职特色。高职教育随即进入快速发展时期，掀起了高职教育的热潮。尤其是在国家的宏观调控下，高等教育扩招以高职为主，使高职教育在短时期内与普通本科招生平分秋色，甚至大有超越发展的趋势。2010年后，我国高职教育进入内涵深化和体系构建时期。我国高职教育在经历了探索起步、稳步发展、快速发展三个主要阶段之后，目前在人才培养规模上，已经占据了全国普通高等教育的"半壁江山"。

三、我国高职教育发展过程中存在的问题

（一）理念不新

教育理念决定教育质量，很多高职院校在专业培养计划中沿用本科体系，仍将传授理论知识作为核心，学生能力培养工作落实不到位。例如，

在课程设置上，强调课程本身的系统性和权威性，忽视学生未来工作岗位的需求，对高职教育所界定的理论上"必须、够用"的原则理解不到位。教育理念陈旧导致高职教育的创新性不足，改革力度较弱。

（二）起点不高

高职教育起点不高包括两个方面：一是学生起点不高。当前，高职教育虽然越来越受到重视，但高职院校的生源不足、生源质量不高的问题仍然存在。高职院校往往是高考生的备用选择，同时高职院校扩招也加剧了这种趋势。此外，很多高职院校学生（以下简称高职学生）的学习积极性不高，尚未养成良好的学习习惯。二是学校起点不高。我国于1996 年召开了第三次全国职业教育工作会议，并提出"三改一补"设置职业技术学院的方针：职业大学坚持高职方向，办出高职特色；高等专科学校改为高职，不需要报批；经国家教委（现中华人民共和国教育部）审批独立设置的成人高校要改革办学模式，并调整专业方向，改办高职；若仍不能满足需要，经国家教委批准可利用少数有条件的重点职业中专通过改制等方式作为补充。"三改"的三类学校，在我国高等教育系统中属于较为薄弱的环节，在近二十年高速发展的过程中形成了许多问题，如科类结构不合理、高职特色和专科特色不突出、办学条件差等，这些问题目前仍然没有得到很好解决。

（三）实践性教学落实不到位

1998 年，教育部加大了对高职教育的改革力度，并提出发展高职教育的"三多一改"方针，此后我国高职教育进入快速发展时期。"三多一改"方针中的"三多"是指多渠道、多规格、多模式。其中，多渠道是指多种渠道开办高职院校。多规格包含专业宽窄、学制长短等。多模式是指职业教育既可以政府办，也可以民间办；既可以公办民助，也可以民办公助等。通过拓宽思路，高职教育获得了快速发展，但与高职教育市场规模的快速扩张相比，高职教育的质量仍然堪忧，其中一个很大的因素就是实践性教学落实不到位。高职教育在快速发展的过程中，完全借鉴传统本科院校的模式来开展教学管理工作，这就导致高职院校的人才培养模式和普通高校相比并没有实质性的区别；加上高职教育一直停留在专科层面，更多的是作为本科教育的一个补充，通过扩招来满足更多人接受高等教育的需求，实践性教学常常不能落到实处。造成这种困境的原因，客观上是实训基地建设跟不上，主观上是师资队伍不够完善、双师型教师严重匮乏。目前，各高职院校已经意识到这些问题的严重性，正在逐步解决这些问题并对自身的管理模式加以完善。

（四）投入不够

高职教育的资金投入不足，缺乏相应的制度保障。产教融合实训基地建设是现代职业教育体系建设改革的重点任务，我国印发的《关于深化现代职业教育体系建设改革的意见》等文件也明确支持和鼓励职业院校与行业企业建设实训基地。但事实上，由于经费不足和缺乏制度保障，很多高职院校的实训基地建设项目迟迟无法实施。很多高职院校因此提高收费标准，如今低投入、高收费已经成为制约高职教育发展的一个重要因素。同时，一些高职院校并没有做好迎接大量生源的准备。在投入有限的情况下，一些高职院校的教学设施比较紧张，生均办学成本、生均实验设备总值等指标下降，影响了其人才培养的质量。

四、加快发展我国高职教育的对策

（一）树立现代职业教育理念，鼓励学生完善职业规划

高职教育着眼于使学生"学会做人、学会做事、学会思考、学会生活"，这就要求高职院校找准办学定位，树立现代职业教育理念，积极探索校企合作办学模式，努力推行包括学历证和职业资格证在内的双证书制度。高职院校不但要教会学生基本的职业技能，更要教会学生为人处世的道理，使学生获得更长远的发展潜力。同时，完善职业规划也是现代职业教育理念的一部分，做好高职学生的职业规划，有利于激发学生的学习兴趣。高职院校应利用新生入学后进行专业教育的时机，由专业教师向学生介绍行业的发展概况、市场对专业人才的需求现状、毕业后的就业方向，以及学院的办学优势、办学特点和师资力量等情况；在日常学习过程中，高职院校可以邀请行业专业人士来校举办职业生涯讲座，让他们结合切身体会谈学生在校努力学习、练好基本功的重要性，让学生明白没有坚实的专业理论基础和技能是不能满足工作要求的；也可以通过举办职业规划大赛等形式，让学生自主思考自己未来的职业，更好地把握在校的大好时光。

（二）加大经费投入

就职业教育的直接受益者而言，除了受教育者本人和接收职业院校毕业生的企业外，社会是最大的受益者。职业教育是提高劳动者素质的重要渠道，有助于推动地方经济发展，这正是政府所追求的目标和应履行的职责。因此，政府应当是职业教育的主要投资方。同时，吸引社会资

金投资职业教育，形成多方投资的格局，是职业教育发展的必然趋势。政府有关部门要制定相关政策，确保高职院校有充足的教育经费，在吸引社会投资职业教育的同时，要努力探索高职院校和企业深入合作的途径，走产学研结合发展的道路，进而在市场竞争中赢得更多的教育资源。

（三）重视双师型师资培养和引进

双师型教师是指既具备相应的理论教学和实践教学能力，又具有企业相关工作经历，或积极深入企业和生产服务一线进行过岗位实践，能够及时将新技术、新工艺、新规范融入教学的教师。随着市场规模的快速扩张，高职院校对双师型教师资源的需求也越来越大，高职院校需要将大量的人才充实到教师队伍中。高职院校可以通过以下三个途径来完善师资队伍资源配置：在引进新教师的时候，应注重其实践经验，兼顾学历水平；大力引进兼职教师，聘请行业精英来校主持实践性教学工作，建立稳定的兼职教师队伍；对于在职教师，要通过培训、进修、到企业挂职等多种方式提升其实践技能。

（四）树立以学生为本的教学观念

大力发展高职教育，就要树立以人为本的教育理念。从市场化的角度来看，学生就是高职院校的"客户"，只有以学生为中心，才能真正提高教学质量，培养出优秀人才。传统的行政办学体制，恰恰违背了这一基本规律。坚持以学生为本，要求教师转变教学观念，以学生为主体，教师起引导作用，启发学生思考，这就对教师提出了较高的要求。高职院校要为教师提供专业成长与自我展示的机会、平台，调动教师的积极性，使优秀教师能够脱颖而出。同时，以学生为本要求高职院校学生管理工作更加柔性化，为学生建立沟通渠道，使学生的诉求及时得到反馈，从而努力改善管理效果。此外，高职院校要注重学生的心理健康和学生创新精神的培养，利用学生社团开展丰富的学生活动，发挥学生的潜能，培养优秀的复合型人才。

第二节　产教融合的内涵及研究现状

一、产教融合的内涵

（一）产教融合的定义

产教融合是基于"产、教是两个不同的国民经济部门"而提出的，是指产业系统与教育系统的有机统一，具有互利互惠、持续创新、促进就业的特点。

随着我国全面建成小康社会的进程，以及工业化、信息化、城镇化的逐步推进，产业结构的调整与生产方式的转变成为必然，推动了人才需求的转型。产业整体由劳动密集型向技术密集型、资本密集型转变，这要求学校培养出具有实用技能、创新能力的复合型人才，实现学生就业与企业人才招聘的无缝对接。我国高等教育大众化后，高学历人才数量激增，高职院校的人才培养模式也迎来了新的挑战。面对产业结构的剧烈变化，高职院校应重视社会需求，融入改革变化，顺应市场对复合型人才的需求，不断调整自身的人才培养模式。自产教融合指导思想提出以来，我国高职院校始终在进行积极的探索，但仍存在一些问题，比如，高职院校与企业之间的合作层次较浅，无法建立深度、有效、长期的合作机制；高职院校对产教融合的理解不够深刻，仅将其视作解决学生就业的途径；等等。因此，进一步明晰产教融合的定义，深刻理解产教融合的内涵对高职院校而言具有重要意义。

（二）"产"与"教"的内涵

"产"，即产业；"教"，即教育，本书特指高职教育。产业是在社会专业分工的基础上形成的相对稳定、相对独立的国民经济部门或行业。

产业有广义和狭义之分。从广义上讲，产业泛指一切提供劳务活动和从事物质产品生产的集合体，即从生产、流通、服务到文化、教育的国民经济的各行各业，小到行业，大到部门，都可以称为产业。从狭义上讲，产业是指生产物质产品的集合体，即工业部门。世界银行等国际经济组织、国家宏观管理中提到的产业，往往取其广义。2018 年，中华人民共和国国家统计局（以下简称国家统计局）对《三次产业划分规定（2012）》中的行业类别进行了调整，其中教育被列入第三产业（服务业）。因此，从这个意义上讲，教育（含高职教育）作为国民经济的一个部门，也是一个产业。

"产""教"关系，实质上是指除教育之外的其他产业与职业教育之间的关系。"产教融合"中的"产业"实质上专指除教育之外的其他产业部门。从社会再生产的角度来看，由于社会分工，教育成了一个独立的部门。同时，教育还是一个独立的经济部门，是从物质资料的再生产中独立出来的部门，这是生产力水平发展到一定阶段的结果。

产业与教育具有不同的社会功能。产业的功能是创造社会物质和文化财富，以满足人民群众日益增长的物质和文化生活需求。教育的功能是为产业提供人力资源这一生产要素，也就是说，企业是社会再生产中的主体，教育应为企业需求服务。高职教育作为教育的一种类型，肩负着为企业培养生产、建设、管理及服务等方面的一线技术技能人才的重担。高职教育与产业都是社会再生产链条中的一个部门，各自承担着不同的社会责任，发挥着不同的作用，同时又相辅相成、协同合作，并与其他部门一起共同推动社会再生产的协调有序发展。

（三）如何理解"融合"

第一，融合是一种理念，是一种方法。这种理念主张高职院校必须走出去，主动及时地掌握科学技术发展的最新动向和信息，使高职教育与区域经济，与企业、行业协同发展。同时，这种理念也要求高职院校把校外的企业、专家、资源、技术、方法请进来，为我所用，促进学校的发展。

第二，融合是一种行动。有了融合的理念和意识，就要付诸实际行动，采取主动的形式、主动的姿态、多样的方式和多种手段与校外企业进行融合。高职院校在进行产教融合探索的过程中肯定会面临诸多困难，这些困难有政策和途径上的，也有意识和方法上的，对此高职院校要大胆实践，勇于迈出融合发展的步伐。

第三，融合是一种目标状态。高职院校一直倡导的"校企合作""产学一体"，其实都是在表达一种学校与企业"结合"的观念，而"融合"这一发展理念比"结合"的范围更宽，程度更深。因为这种理念不只强调高职院校与企业在人才培养、专业建设等方面的融合，还涵盖了高职院校发展过程中的各个方面，所要达到的是一种你中有我、我中有你的更深刻的结合状态。

第四，融合是一种联动和互动的过程。经济的转型与科学技术的更新，将会引起企业生产技术和生产方式的变革，而这种变革必将对人才需求产生影响，最终导致学校人才培养方式的转变。反过来，学校的人才培养方式也会对企业的生产和经济的发展产生影响。校企相互影响，形成一种联动和互动的过程，而高职院校与企业、经济的融合正是这种联动和互动过程的体现。

第五，融合还是一种工作方式和工作能力的体现。在发展过程中，高职院校既要不断提高自身的办学能力和教学水平，学会发现融合的机会，找到融合的切入点与突破口，还要有较强的交际公关能力和执行能力，这些能力是高职院校实现产教融合发展的必要条件。

二、我国"产教融合"研究现状

"产教融合"一词，在中国知网上最早见于 2007 年《中国职业技术教育》杂志刊发的，由施也频、陈斌撰写的《产教融合，特色办学》一文中。该文讨论的主要是校企合作问题。从学术角度看，对产教融合的研究，具有"先天不足"的特点，即一开始就将产教融合与校企合作混为一谈。许多人在谈产教融合时，实际上谈的是校企合作；在促进产教融合时，促进的对象也是校企合作。事实上，产教融合与校企合作有相近的功能，如果高职院校校企合作能够顺利实施，对产教融合的期待也许就没有这么迫切。例如，德国从制度上保障校企合作能够落实，职业教育实行的是"双元制"，并不是产教融合制度。同时，产业融合快速发展，激发了职业教育工作者的热情和想象力。十几年来，职业教育领域的决策者、实践者和研究者对产教融合进行了探索，发表论文 1 900 余篇。从研究过程看，2007—2013 年属于研究的沉寂期，七年间仅发表论文 10 篇。2014—2016 年相关研究进入活跃期，三年间发表论文 630 篇。2017 年开始相关研究进入繁荣期，不到两年，就发表论文 1 279 篇。在这些论文中，从政策和经验的角度对产教融合进行研究和论述的较多，而从学术性角度展开的研究相对稀缺。目前，产教融合的研究情况如下：

（一）基本概念的研究现状

研究者大都把"产教融合"与"校企合作""产教结合"等相接近的表述相比较，以进行研究。例如，王丹中（2014）对"产教融合"与近二十年来我国职业教育界使用过的相关表述进行了比较，指出其中的变化主要体现在两个方面：一是从校企、产学到产教的变化，二是从结合、合作到融合的变化，认为这些表述上的频繁变化，既反映了人们认知上的与时俱进，也反映了职业教育理论研究的不成熟。管丹（2016）对"产教融合"与"校企合作"的概念进行了比较分析，认为这两个概念都契合职业教育的跨界特征，但在内涵上完全不同。

从研究内容看，对于什么是产教融合，至今还没有权威的解释，也还没有人给出明确的、公认的定义。研究者对"产教融合"具体内涵的阐释不尽相同。一部分研究者认为，产教融合就是校企合作的"升级版"。例如，陈友年、周常青和吴祝平（2014）认为，产教融合就是职业教育与产业的深度合作，职业院校与行业企业开展深度合作的目的是提高人才培养质量。吴祝平（2015）指出，产教融合是对校企合作的进一步发展，它要求政府、行业、企业承担更多的责任，同时也赋予了行业、企业更大的教育权利，对高职院校提出了更高层次的要求。另外一部分研究者则从更高的层面上阐释了"产教融合"的内涵。例如，曹丹（2015）从词源学的视角对"产教融合"进行了分析，认为"产教融合"这个术语的本质是生产与教育培训的一体化，在生产实践中教学，在教学中生产，生产和教学密不可分，具体表现是企业与高职院校为了各自的发展需要"水乳交融"地合为一体。王丹中（2014）则从时代的发展特征出发，进一步指出融合是当下的时代特征，融合发展是科学发展的主要特征之一，产教融合传达出了一些新的理念和导向，反映了我国产业转型升级和高职教育内涵发展进程中，"产业"与"教育"水乳交融、互为因果的逻辑必然。在合作水平上，产教融合不仅是学校与企业合作培养技术技能人才，还延伸到整个产业价值链，是所有元素高度互补的资源整合与一体化合作，是基于共同利益的共同发展。产教融合的内涵，要从职业教育的特征、职能和当前经济社会发展的背景三个维度去准确把握，切不可盲人摸象。相比于普通教育，职业教育兼具教育属性和经济属性，也同样肩负着人才培养、技术研发、社会服务和文化传承等职能。在当前经济发展进入新常态的背景下，职业教育要坚持产教融合发展，推动职业教育融入经济社会发展和改革开放的全过程，更加突出它的经济属性，为经济社会发展提供强有力的技术技能人才支撑、技术支持等多元化服务。因此，产教融合不是仅仅为了提高人才培养质量，更不是校企合作的简单升级，而是拓展职业教育社会服务职能的现实路径，是职业教育的基本特征，是职业院校发展的基本原则。高职院校要基于上述定位，进一步理解"产教融合"的基本概念和具体内涵。

（二）利益相关者视角下的研究现状

产教融合涉及的利益相关者主要是政府、行业、企业、学校四方主体。这四方主体的角色定位是否准确、职责界定是否清晰，以及作用发挥是否充分，是决定产教融合成败的关键。

龙德毅（2015）从角色职责的角度出发进行了相关研究，认为行业是职业教育教学标准的制定者，职业院校是教育教学标准的实施者，政府是职业教育教学标准制定与实施的监督者，这种角色定位应该作为现代职业教育产教融合、校企合作的基本内容之一。

杨善江（2014）基于三螺旋理论，探讨了政府、企业和院校三者的角色及相互关系。他指出，在三螺旋模型中，高职院校主要负责知识传播、知识转移和知识创新，培养高素质人才；企业主要负责进行科技创新和传播，致力于技术成果的应用和转移；政府负责不断制定和完善法律法规，提供相关政策保障，不断规范各方的合作行为，大力推进产教融合、校企合作。在相互关系中，三者并不是三条平行线，也不是简单的两两交叉，而是交织融合在一起，相互作用，呈螺旋缠绕状态，形成持续紧密的合作伙伴关系。马宏斌（2015）以三螺旋理论为分析工具，以河南省为例，构建了"政府政策推动高职教育产教融合、高职教育主动融入市场对接产业、企业主动与高职院校合作融合"的三螺旋模型，以期为河南省经济发展提供内生动力。

产教融合中的政、行、企、校四方主体，其定位是清晰的，职责是明确的。然而在实际工作中，对于如何通过搭建平台载体，使各方主体彼此交融、互相作用，形成紧密的合作关系；如何通过建立有效的调节机制，使各方主体积极主动地履行职责并发挥作用，切实推进产教融合等问题，还需要在实践中进行创新探索，寻求破解之道。

（三）高职院校产教融合机制的研究现状

学术界关于高职院校产教融合机制的研究，代表性的观点主要集中在以下几个方面：

在模式上，基于产业园的产教融合模式、校企共建技术研究中心模式、校企共建二级学院模式、集团公司主导下的双师团队共建模式、校企共建学生工作室模式等被认为可以促进产教融合。宋剑杰（2016）以校企合作机制为切入点进行了研究，提出随着经济增长方式的转变、校企合作的不断推进，校企对合作育人的认识逐渐趋同，校企双方将融为一体，形成由价值观主导的产教融合机制。

在策略上，朱琴华（2019）认为高职院校要以产教融合为核心机制，以校企合作为重要抓手，以平台化、项目化、生态化的方式推进产教深度融合，体系化构建产教融合，并且提出构建产教融合生态需要坚持四项原则，即坚持面向产业和区域发展需求，优选合作企业；坚持产教融合、校企合作贯穿人才培养全过程；坚持产教融合、校企合作聚焦技术技能积累与应用；坚持校企优势资源互补，积极推进校企"双赢"。张晓湘、周劲松（2023）从产教融合实训基地功能实现与绩效评价的角度出发，提出高职院校要在深化科教融合的发展背景下，把握产教融合实训基地的运行规律，从体制机制层面解决其功能开发及绩效评价问题，协调校企双方的利益冲突，形成校企共建共享协同发展的制度环境，激发并释放产教融合实训基地的成长活力。例如，建立健全科研协作机制、创新知识产权分配及保护机制、建立并实施科研队伍成长机制、实施互惠互利的权益保障机制等。

在方法上，浙江工贸职业技术学院通过实践，探索并提出了包括政府主导的"向度"、高职教育的"高度"、协同育人的"深度"、社会服务的"宽度"在内的架构和方法，尝试从生态系统的视角来构建产教融合与校企一体化的流程，将政府、行业企业、院校、科研、市场五大要素归类于两大生态系统，即学校教学性生产生态系统和企业生产性教学生态系统，实现生产性与教育性的融合。

这些研究为产教融合机制的构建提供了很好的理论和实践基础，基本涵盖了产教融合应涉及的范畴，但没有明确新时代产教融合的切入点，以及融合体的具体功能和运行机制等问题，无法形成比较理想的系统化指导思路。高职院校产教融合机制应建立在充分理解高职院校和产业特征的基础上，通过建立相应的合作关系、合作平台和工作制度，整合与配置相关资源，满足各方主体的利益需求，以推进产教融合的实现。

综上所述，在学术界，"产教融合、校企合作"虽已成为热门的研究主题，但产教融合的机制创新却在不同时期有不同的内涵和特征。同时，纵观产教融合的研究成果，对其内涵、特征、院校实践经验等方面的研究较多，对新时代高职院校产教融合的宏观、中观、微观层面的机制创新的系统化研究却很少。

第三节　我国高职院校产教融合发展概况

一、我国高职院校产教融合发展的背景

高职教育的发展为我国高技术产业、现代制造业、现代农业和现代服务业提供了强有力的人才支撑，满足了企业对技术技能人才的需求。但是，随着社会的进步，高职教育中存在的问题逐渐凸显出来，如何解决这些问题，进而实现从"中国制造"到"中国创造"的发展模式的变革，成为高职院校面临的重要挑战。为加强对高职院校的管理，我国从理论和实践方面进行了探索。

2006 年 11 月，教育部和中华人民共和国财政部（以下简称财政部）联合召开会议，正式启动"国家示范性高等职业院校建设计划"。2010 年 12 月，国务院办公厅印发了《关于开展国家教育体制改革试点的通知》。随后，各地教育部门积极开展地方政府促进高职教育发展综合改革试点项目，努力打造高职特色，创新管理模式，促进高职教育与地方经济融合发展。通过深入、全面的探索，人们发现产教融合这种新的模式比较适合高职院校，整合办学资源、坚持融合发展成为推动高职院校快速发展的不二选择。

2014 年 5 月，国务院发布的《关于加快发展现代职业教育的决定》指出，加快发展现代职业教育的基本原则之一是"产教融合、特色办学。

同步规划职业教育与经济社会发展，协调推进人力资源开发与技术进步，推动教育教学改革与产业转型升级衔接配套。突出职业院校办学特色，强化校企协同育人"。

2017年12月，国务院办公厅印发《关于深化产教融合的若干意见》，将产教融合上升为国家教育和人力资源开发的整体制度安排。

2019年1月，国务院印发的《国家职业教育改革实施方案》指出，要"深化产教融合、校企合作，育训结合，健全多元化办学格局，推动企业深度参与协同育人，扶持鼓励企业和社会力量参与举办各类职业教育"。

2022年5月，新修订并施行的《中华人民共和国职业教育法》指出："职业学校、职业培训机构实施职业教育应当注重产教融合，实行校企合作。职业学校、职业培训机构可以通过与行业组织、企业、事业单位等共同举办职业教育机构、组建职业教育集团、开展订单培养等多种形式进行合作。国家鼓励职业学校在招生就业、人才培养方案制定、师资队伍建设、专业规划、课程设置、教材开发、教学设计、教学实施、质量评价、科学研究、技术服务、科技成果转化以及技术技能创新平台、专业化技术转移机构、实习实训基地建设等方面，与相关行业组织、企业、事业单位等建立合作机制。开展合作的，应当签订协议，明确双方权利义务。"

人工智能时代的到来，对世界经济、教育等领域均产生了颠覆性的影响。在此背景下，产教融合模式不断推陈出新，这是我国职业教育发展、高职院校人才培养的必由之路，也是我国壮大高职教育、培养应用型人才、调整人才结构的一次契机。

多年来，产教融合经历了从产教一体、产教分离的简单形式，到产教结合、校企合作，再到现在的产教融合的发展历程。在不断探索高职教育以及产业角色与功能的过程中，"产""教"关系也由一元主导变为双主体互动，最后演变为多元协商治理。随着高职教育改革的纵向深入，在"产教融合"重要思想的指导下，高职院校肩负着传承技能、培养人才、促进创新的重要使命。这就要求高职院校在人才培养模式上进行改革创新，培养出更多的高素质技术技能人才，以满足各行各业对人才的需求。

二、我国高职院校产教融合发展的必要性

（一）走产教融合之路是高职院校人才培养特点的要求

高职院校培养的学生直接服务于区域经济发展和各类企业，相比于普通高等学校的学生，高职学生具有"技能型、实用型、上手快、能力强"的特点。如何才能培养出满足区域经济发展和各类企业要求的学生呢？"春江水暖鸭先知"，企业是最先感受到社会经济和科技发展变化的主体，高职院校要主动与企业融合，感受经济发展的脉搏，了解科技发展的最新动态。在感知到企业对学生的最新需求之后，高职院校才能及时地转变培养方案、教学内容和教学方法。高职院校可以通过到企业调研等方式，及时地了解企业一线的需要，这对其培养"技能型、实用型、上手快、能力强"的人才具有非常好的参照作用。

（二）走产教融合之路是高职院校生存发展的必然要求

立足区域发展、服务地方经济是高职院校赖以生存的根本。没有与地方经济密切结合的根基，高职院校就很难生存和发展。因此，为主动适应区域经济发展的需要和高职教育改革发展的新形势，各高职院校要坚持产教融合发展的办学理念，也就是与企业融合，与开发区融合，推进

办学机制、育人机制、社会服务机制的改革创新。高职院校应与企业对接，深入到一线实践中去，切实了解企业的情况与需求。学校教师要到企业中去锻炼，同时也要聘请企业一线的技术能手到学校担任兼职教师。高职教育要根植于区域经济，奠定良好的生存和发展的基础。

（三）走产教融合之路能提高高职院校的生存适应能力

高职院校处在一定的社会区域环境之中。在这一环境中，达尔文的进化论所揭示的适者生存原理同样适用。高职学校要生存发展，就要及时地调整自己，主动地适应环境。高职院校的发展需要大量的资源支持，而这些资源来自政府、行业、企业、市场和社会，高职院校需要与它们融合，从而知道哪里有资源，并从中获取资源。为主动适应区域经济发展的需要和高职教育改革发展的新形势，高职院校要确定办学思想，坚持产教融合发展的办学理念，走产教融合发展之路，以不断提高自身的生存适应能力和竞争力。

（四）走产教融合之路有助于高职院校发挥其应有的作用

高职院校应有的作用主要表现为以下两个方面：

1.高职院校在高等教育体系中起着"奠基石"的作用

从教育体系内的层次关系来看，高职教育是我国高等教育的重要组成部分，高职院校是我国进一步完善现代职业教育体系的一支重要力量。2019年国务院印发的《国家职业教育改革实施方案》指出："职业教育与普通教育是两种不同教育类型，具有同等重要地位。"职业教育作为一种教育类型，由中等职业教育（以下简称中职教育）和高职教育构成。其中，高职教育又包括专科层次的高职院校、应用型本科、专业研究生教育层次。目前，随着应用型本科建设工作的推进，职业教育体系日趋完善，高职院校也不再是高职教育的终点，而是作为起点，去连接应用型本科及专业研究生教育，因而高职院校是高等教育的重要"奠基石"。

2. 高职院校在整个教育系统中起着承上启下的作用

从宏观视角来看，在整个教育系统中，高职院校起着承上启下的作用。进入高职院校是高中毕业生及中等职业学校学生继续学习，并接受高职教育的主要途径。2014年，教育部等六部门印发的《现代职业教育体系建设规划（2014—2020年）》（以下简称《规划》）明确提出，要完善职业人才衔接培养体系。其一，加强中高职衔接。推进中等和高等职业教育培养目标、专业设置、课程体系、教学过程等方面的衔接。其二，完善五年制高职。针对学前教育、护理、健康服务、社区服务等特殊专业领域完善五年制高职教育，这使高职院校进一步与初中完成对接，成为基础教育与高职教育之间的重要纽带。《规划》反复强调中高职衔接和协调发展，目的就是促使高职院校利用其在职业教育体系中的特殊地位，在将自身做强的同时，起到其应有的"承上启下"的作用。

三、我国高职院校在产教融合发展中需要注意的问题

高职院校"产教融合"人才培养模式促进了学校和企业的共同发展，同时推动了社会经济进步，但在实施过程中也出现了很多问题，需要重点关注并尽快解决。具体来说，我国高职院校在产教融合中需要注意的问题可以归纳为以下几个方面：

（一）缺少有效的产教融合运行机制

校企合作育人成效不佳，产教融合发展受阻，主要原因在于高职院校与企业之间缺乏高效的合作约束与激励机制。因此，很多高职院校与企业之间的合作是零散的、被动的，校企之间缺乏长期稳定的产教融合运行机制。

其一，在识别合作诚信度较低的企业方面，部分高职院校的能力有待提高。这是因为当前我国高职院校在选择合作企业时，缺乏科学有效的选拔标准。这不仅可能导致不良企业进入合作体系，还可能影响到校企合作的质量。因此，建立一套科学有效的合作企业选拔标准，是提高校企合作育人效果的必要前提。

其二，我国高职院校在实施"优胜劣汰"的管理模式方面，鲜有实际操作。这种情况可能导致校企合作中出现的问题得不到及时解决，进而影响合作效果。为此，我们需要在职业教育政策层面鼓励高职院校大胆尝试，推动校企合作管理模式的创新。

其三，合作成果的评价标准过分侧重合作企业数量，而非质量。这种情况容易导致高职院校在追求合作企业数量上花费过多精力，而忽视了合作质量的提升。为此，我们需要调整评价标准，将校企合作的质量纳入评价体系，从而引导高职院校重视合作质量。

其四，对于优秀企业的奖励力度不足，部分高职院校无法充分激发合作企业积极参与高质量育人的积极性。因此，我们需要加大对优秀企业的奖励力度，以激发更多企业积极参与职业教育，实现以点带面的整体优化育人效果。

（二）人才培养配套师资队伍建设滞后

在我国当前的职业教育体系中，高职院校的地位和作用愈发重要。然而，许多高职院校的师资力量整体素质有待提升，尤其是缺乏高技能、高水平的优秀教师。这种情况直接影响了学校的教学品质和科研创新能力，使学校在培养高素质技术技能人才方面面临挑战。此外，企业也难以解决一线技术人员短缺的问题。

长期以来，许多高职院校过于重视理论知识教学，忽视实践教学，未能与企业形成良好的合作关系，这种情况严重影响了产教融合工作的进展。这种现象的产生，一方面源于学校本身存在教育基础相对薄弱、优秀教师资源稀缺、教育投入不足等问题，另一方面也与我国教育体制的发展程度有关。这些问题均制约了产教融合合作关系的建立，使高职院校在培养具备实际操作能力的人才方面存在局限。

高职院校所急需的教师，是那些能够在课堂上教授专业理论知识，同时能进行优质实践教学，为企业技术发展提供指导的高水平人才，即双师型教师。他们能够在提升学生专业素养的同时，帮助企业解决技术难题，实现校企双方的共赢。然而，当前我国许多高职院校的师资队伍水平尚无法满足教育改革发展的需求。在这种情况下，若师资队伍素质提升受限，产教融合将难以有效推进，高职院校的办学质量也会受到影响。因此，有必要从国家政策、教育投入等方面加大对高职院校的支持力度，提升高职院校教师的整体素质，以实现我国职业教育的发展目标。

总之，高职院校的师资力量整体素质提升和高水平教师的培养，对于提升学校的教育品质、科研创新能力、人才培养水平和促进企业技术发展具有重要意义。我们应该关注这一问题，通过改革教育体制、加大投入、优化师资队伍结构等途径，努力提升高职院校的师资水平。

（三）高职院校课程设置不够合理

职业教育的主要使命是培养学生具备实际工作所需要的能力，而不仅仅是理论知识。因此，职业教育课程的设置应更加注重实践性，致力于提升学生的实际工作能力。为了实现这一目标，高职院校课程设计应紧密结合市场需求，紧跟时代步伐。然而，在我国高职教育领域，课程设置的实用性不强成为一个显著问题，尤其是在创新创业能力培养方面，许多高职院校都存在对这一能力的重视程度不够的情况。通常，这些学校会将创新创业能力培养融入职业生涯规划或就业指导课程中，但课程内容多局限于信息发布和应聘技巧等，针对性和系统性均显不足。此外，一些高职院校的教学方法也需要改进。高职院校应注重实践性教学，运用案例教学、实践教学等方法，为学生提供实习机会，让学生在体验中运用所学知识、锻炼实践技能，以提升学生的实际工作能力。

（四）高职院校人才培养模式有待优化

高职教育是我国现代职业教育体系的重要组成部分，其人才培养模式直接影响着我国经济社会的发展。然而，当前许多高职院校在人才培养模式上存在一定的问题，主要表现为过于注重学生的学业成绩，而忽视了市场的实际需求。为此，我们需要对职业教育人才培养模式进行改革，使其更加适应市场需求，提高职业教育毕业生的就业竞争力。

高职院校应高度重视学生核心能力和创新创业能力的培养。核心能力是指在人类能力体系中居于核心地位的技能。当代职场所需的诸多能力已不再局限于特定职业，而是成为众多职业的共同基础。这种基础能力具有可迁移性，能使劳动者迅速适应岗位变动，顺利开展职业活动。此类可迁移能力也被称为核心能力，具有普遍性、可迁移性和工具性特征。普遍性意味着核心能力在职业生活中普遍存在；可迁移性意味着获取某种核心能力将促进其他能力的获得；工具性强调这种能力具有实用性，与职业紧密相连，而非学术性。核心能力的要点在于，在职业或劳动组织发生变化时，劳动者所具备的这一能力仍能发挥作用，使他们在变化的环境中重新获取新的职业知识和技能。创新创业能力是指个体或团队在创新和创业方面所具备的综合能力。这种能力包括多个方面，如创新能力、创业意识、创业精神、创业技能等。

然而，很多高职院校的人才培养模式未能以市场需求和学生个人的发展需求为导向，影响了学生的核心能力与创新创业能力的提升，而产教融合这种模式为高职院校解决上述问题提供了方向和契机。因此，高职院校应从运行机制、人才培养模式等方面积极探索，找到适合自己的产教融合之路，提高自身教育教学水平，以培养出更多高素质技术技能人才，为社会发展提供人才支持。

改革开放以来，我国职业教育改革发展取得了巨大成就，中等、高等职业教育快速发展，职业院校的基础能力显著提高，产教融合、校企合作不断深入，行业企业参与不断加强，中高职衔接呈现良好势头。但是，我们必须清醒地看到，我国职业教育仍然存在着运行机制不够有效、配套队伍建设滞后、课程设置不够合理、人才培养模式有待优化等问题，并集中体现在职业教育体系不适应加快转变经济发展方式的要求上。因此，高职院校应抓住发展机遇，站在经济、社会和教育发展全局的高度，以战略眼光、现代教育理念和科学方法助力现代职业教育体系完善与发展。

第二章 高职院校产教融合运行机制建设

随着高职教育的不断深入，校企合作、产教融合的教育模式也在逐步发展。但目前，我国的高职教育体系建设并不完善，还有待加强。本章以高职院校产教融合的运行机制建设为研究内容，重点论述了"双师"双向交流机制、校企实训基地共建机制、校企双向服务机制、产教融合的就业机制与激励机制五个方面的内容，以期为高职教育发展提供借鉴。

第一节 "双师"双向交流机制

近年来，我国部分高职院校与企业发挥各自优势，不断完善"责任明确、管理规范、成果共享"的"双师"双向交流机制。以下从主要目标、主要内容和组织实施三个方面，探讨高职院校如何建立"双师"双向交流机制。

一、主要目标

（一）完善制度，提供校企交流保障

高职院校应结合自身实际，在相关政策的指导下着力构建"双师"双

向交流的动力机制。一方面，进一步明确对进企业锻炼的教师与来学校兼职的企业员工在政策方面的支持及相关奖励、激励措施，并在考核评优、职称评审、绩效考核、培训进修等方面向双师型教师倾斜。另一方面，校企共同制定相关制度，实现专任教师与企业技术人员的对接，解决"双师"型教师队伍的建设问题，构建校企教学研究团队和技术创新团队，深入钻研技术，研发新产品、新工艺，开发实践教学体系，共同实施工学结合课程和开展技术研发工作，提高教育教学水平和企业生产效率，不断完善"互利共赢、共建共管"的实践教学基地共建机制和"责任明确、管理规范、成果共享"的"双师"双向交流机制。

（二）获取支持，建设教学实训基地

为促进校企深度合作，各相关企业需要协助高职院校建设实训室，为高职院校提供实训方案，并给予一定的支持。实训基地的建设要以有效地解决校方专业建设过程中所涉及的课程设计、人才培养方案、培养目标的制定及配套实训设备投入等问题为前提，以加快专业建设步伐，抢占发展先机。

（三）制订计划，加强实习实训指导

高职院校要与相关企业签订合作协议，结合相关企业的实际情况制订顶岗实习计划、工学结合计划（计划的内容包括学生人数、专业、实习时间、实习内容、负责人等），经双方确认后执行。实习期间，校方须派出实习带队教师，由其负责具体实习任务，保证学生遵守有关法规和企业的管理制度。企业派一线专业技术人员指导学生实习，提高学生的实际动手能力，帮助学生积累实践经验。

（四）校企共建课程，共同开发教材

高职院校聘请企业"能工巧匠"和"技术能手"来校实施弹性教学，与学校教师共同开发实践教学课程内容，并负责学生技能的训练指导工作，承担实践教学任务。学校专任教师到合作企业顶岗实践，提高实践能力，参与企业的技术革新、设备改造与新产品的研发工作，承担企业员工的继续教育培训工作，从而促进校企双方在技术上、文化上的交流，在此基础上对教材进行开发。

二、主要内容

（一）师资交流

1. 高职院校教师深入企业

高职院校选派专任教师到合作企业学习锻炼，专任教师通过学习获取新知识、新技术、新工艺和新方法。这种方式能够多方面、多途径地培训专任教师，提升专任教师的"双师"素养。具体来说，高职院校各院（部）应根据教学任务的安排情况，每年选派一定数量的教师到企业锻炼学习。高职院校专门制定《教师进企业（或部门、单位）实践（挂职）锻炼管理办法》等文件，明确相关管理要求。高职院校应优先安排没有实践经历的教师作为驻点带队教师到企业或相关单位学习，并负责学生实习期间的管理工作。所有教师要优先考虑借助带队实习的机会，加强与企业之间的联系，深入企业锻炼，提升实践能力。具有企业工作经历的教师或具有高级职称的教师要在带队实习的同时，与企业就技术开发等项目开展合作。

　　高职院校各院（部）及教务处、组织人事处、科研处和督导处等职能部门要不定期地到企业走访，了解教师在企业中的工作、学习情况，包括到岗情况、工作内容、工作纪律和工作成效等，并与教师进行探讨、交流，帮助其解决在此过程中遇到的问题。教师在带队实习等实践活动结束后，要撰写总结并填写《高等职业技术学院教师进企业实践考核表》，并提交实践成果的证明材料，如完成的课题报告或论文，搜集的有利于教学教研的案例材料，与企业共同开发的培训资料，为企业培训员工、提供咨询、解决实际问题等的企业证明和案例材料，与企业签订的课题合作协议，企业捐赠学校的设备和资金证明材料，等等。

　　高职院校各院（部）及教务处、组织人事处等职能部门对教师进企业实践的情况进行综合考核，评定考核结果。有下列情况者视为考核不合格：实践期间，学校检查或抽查到教师缺岗，且经核实事先没有向所在院（部）办理请假手续的；实践期间，不遵守实践单位的规章制度，造成投诉并影响恶劣或导致学校形象受损的。

　　教师在企业实践结束并回校后，要在院（部）举行的进企业实践成果汇报会上，汇报自己的实践情况、收获与体会。

　　教师进企业实践期间的待遇按照高职院校有关规定执行；对考核不合格的教师，扣减或不计绩效津贴；对进企业实践成绩显著的教师，按其贡献给予适当奖励。对于经批准在寒暑假期间进企业实践的教师，考核合格的，按加班标准每天计算补助；考核不合格的，则应减少直至取消补助。

2. 企业专家进入高职院校

　　高职院校聘请企业的专家、技术骨干等到学校担任兼职教师，向学生传授实践技能，承担部分专业实训课及相关课程的教学任务。高职院校可以积极推介优秀教师对企业职工进行培训，也可以推介学校高层（院、部领导）担任企业顾问，定期举办系列讲座，并为专任教师和兼职教师创造交流的机会，如在筹建专业实验室或实训室、组织教研活动时，积极邀请兼职教师参加，认真听取他们的意见和建议；让兼职教师指导专任教师的实践教学活动，鼓励专任教师和兼职教师"结对子"，互通有无、取长补短等。

（1）外聘兼职教师的任职条件

具有良好的师德和较高的敬业精神；具有一定的教育教学经验，熟悉高职教育的教学方法；具有中级及以上专业技术职称或本科以上学历，专业知识水平较高，能胜任所负责课程的讲授工作或毕业论文的指导工作；某些专业课程经批准可适当放宽任职条件，但相关兼职教师须持有相关专业职业资格证书，或具有高级及以上的技能岗位等级，或具有相关专业三年以上的工作经历；身体健康，精力充沛，能完成教学任务。

（2）外聘兼职教师的管理

外聘兼职教师的管理工作由高职院校各院（部）、教务处、督导处和组织人事处负责。各院（部）按统一的要求建立本院（部）外聘兼职教师档案。组织人事处负责汇总并建立全校外聘兼职教师档案库。各院（部）具体负责兼职教师的日常管理工作，每学期召开一次外聘兼职教师工作会议，了解外聘兼职教师的教学情况，通报学校教学信息，做教学工作总结。教务处负责审核和检查兼职教师的教学工作量。兼职教师的教学质量由学校督导处和各院（部）共同监控。督导处、各院（部）应根据教学计划的要求，不定期抽查和了解外聘兼职教师的授课和课程辅导情况、作业批改等情况，检查教学质量。对学生意见强烈、教学效果差或严重违纪的外聘兼职教师，由督导处、各院（部）研究后及时予以辞退，并由各院（部）做好后续工作。

（3）外聘兼职教师的职责

高职院校外聘兼职教师的教学工作主要包括上课、辅导、批改作业、出试卷、批改试卷、评定成绩和试卷材料归档等。外聘兼职教师应按学校的教学计划、课程标准等教学文件编写讲义和教案，按行动导向、学生主体的要求实施教学，以保证教学质量。外聘兼职教师应在新学期第一周填写"授课进度计划"，经各院（部）审核后交教务处存档备查。在日常教学工作中，外聘兼职教师应严格按照课程表讲课，未经聘任学院和教务处批准，不准擅自调课、停课或者更换教师，因事因病请假的，复课后必须及时补课；认真进行课程辅导和作业批改；参加所授课程试卷的出题、监考和评卷等工作。在每学期课程考试结束后，外聘兼职教师应按学校要求及时录入和送交学生成绩，并按照学校对试卷及相关材料的要求，提供相应的材料。同时，外聘兼职教师应参加各院（部）组织的集体教研活动，每学期参加教研活动不少于四次，并对学校的各项工作提出合理化建议，与校方共同搞好教学活动。

（二）技术交流

高职院校与企业双方合作进行各种类型、各个层次的科技项目研究及开发工作，并刊登相应的科研成果。校企联合参与行业活动，在符合当地区域经济特色的各种行业项目中进行深层次合作，发挥各自的优势，构建"双师"双向交流、校企双向服务的机制。例如，借助双方的师资、技术、场地和设备等优势，以项目合作形式开展核心课程建设、新产品研制、高技能与新技术培训、继续教育等方面的合作。同时，校企双方应争取政府支持，共同研究，共同开发，共同实施，促进地方经济发展。此外，校企双方还可以利用各种学术会议、行业会议和有关推广资源，推荐、介绍对方，以提高双方的知名度和影响力。

（三）文化交流

高职院校应与企业合作举办多样化的活动（校企合作交流会、企业文化宣传活动、企业调研活动、创业大赛、创业成果展示等），进行文化交流，向在校学生推介校企合作项目。同时，校企双方也可邀请有关部门、媒体、企业家和专家教授等前来参加这些活动。

三、组织实施

高职院校各院（部）校企合作办公室负责"双师"双向交流活动的组织实施。为提高工作效率，各院（部）与相关企业要成立双向交流联络工作小组，工作小组由双方各委派一到两名工作人员组成。工作小组负责校企之间的日常联络工作，提出阶段性合作计划，协调解决交流中的具体问题。

原则上，学校每个专业每学期至少与相关企业和兼职教师进行三次交流。每次交流都要做好记录，各院（部）负责检查本院（部）"双师"双向交流情况，组织人事处负责检查各院（部）"双师"双向交流情况。

各院（部）应定期走访企业，了解企业发展情况、人力资源情况和在岗员工技术技能提升的需求，及时为企业发展提供人才培训服务，落实"双师"双向交流计划，分析、交流相关工作的开展情况。

第二节　校企实训基地共建机制

一、建设校内实训基地

　　校企深度融合，企业进驻高职院校，共建"校中厂"。企业按生产要求提供建设生产车间的技术、加工产品的原材料和负责产品的销售，高职院校提供符合企业生产要求的环境、场地和设备，双方共同建设生产型实训基地、教学工厂。企业选派人员管理"校中厂"的生产经营活动，指导师生的生产、实践和实习实训活动，帮助学校完善实训课程体系；高职院校按照生产要求，将实训课程纳入教学体系中，安排学生到"校中厂"顶岗实习，派教师到"校中厂"实践。企业依据自身的生产设备和技术人员情况，提出人才需求规格等要求，由校企双方共同开发实践教学课程，将企业文化、生产工艺、生产操作等引入教学课程。高职院校应该积极地与当地的企业取得联系，共建实训基地。

（一）校内实训基地的建设原则

　　高职院校校内实训基地的建设应遵循共建、共管、共享和共赢的原则，通过优势互补，深入、持续、健康地进行校企合作。除此之外，校企实训基地建设还应遵循以下原则：服务教学原则——"校中厂"实训基地应积极开展实践教学、科学研究和中间试验，逐步成为技术密集、效益较高的实训基地；统一管理原则——校企双方的利益与责任必须高度统一，要统一领导、统一管理、统一规划和统一考评；校企互动原则——实训基地为学校师生提供现场教学和实践的平台，学校为企业一线技术人员提供更系统、更全面的理论知识，通过校企互动，使学校师生提高实践技能，使企业技术人员增长理论知识，实现理论与实践互补。

（二）校内实训基地的资产管理

"校中厂"资产采购程序参照高职院校制定的相关制度执行，该资产列入学校固定资产项目，作为学校资产的一部分来管理。"厂中校"资产采购业务由企业负责或双方另行协商，该资产不列入学校固定资产项目，由企业单独列示"校企合作资产"项目并进行管理。"校中厂"资产主要按照以下条款进行管理：

1. "校中厂"固定资产日常维护工作由使用单位负责，大修和改造计划由使用单位提出，经上级有关部门批准，由资产管理部门组织实施。"厂中校"固定资产的维护由企业负责，设备的改造则由双方另行协商处理。

2. 校企合作项目资产校内迁移，需要到学校资产管理部门登记，同时相应变更资产管理台账，做到账、卡、物相符。校企合作项目资产原则上不允许校外迁移，如确实需要，应按照设备变更要求，办理相关设备迁出手续，如长期迁出，则应及时注销。

3. "校中厂"资产报废参照校产报废的相关规定和程序执行，报送合作企业备案。"厂中校"资产报废参照企业资产报废程序执行，报送学校备案。

（三）校内实训基地的绩效考核

为了推动"校中厂"实训基地健康发展，保证"校中厂"实训基地运行质量，高职院校每年应按照《合作协议书》和"校中厂"实训基地考核标准对"校中厂"实训基地进行考核。考核结果作为"校中厂"实训基地是否继续运营的依据，也作为是否与原协议人续签的依据（原则上考核结果不低于70分）。"校中厂"实训基地考核标准如下：

1. 人才培养（分值20）。按合作协议提供足够的学生实习实训岗位；产教深度融合，落实"两对接"，即课程内容与职业标准对接、教学过程与生产过程对接。

2. 双师双向（分值20）。专任教师与企业技术人员对接，双方人才互相流通，打造双师结构教学团队。

3. 教科研（分值20）。构建校企教学研究团队和技术创新团队，共同开发和实施工学结合课程，共同开展技术研发工作。

4. 缴纳费用（分值10）。根据合作协议向学校按时缴纳有关费用。

5. 合法经营（分值10）。生产经营符合相关法律和学校规章制度。

6. 安全生产（分值10）。符合安全生产要求，杜绝生产安全隐患。

7. 现场管理（分值10）。按照安全生产管理制度，对生产现场进行管理。

二、建设校外实训基地

高职院校与企业共建多个校外实训（就业）基地，为学生顶岗实习和优质就业奠定基础。

校企深度融合，共建"厂中校"。由企业提供实训场地、管理人员和实训条件，按照企业的生产要求建设生产性实训基地，将校外实训室建在企业中，使单纯的实训室转变成生产车间。"厂中校"以企业为管理主体，纳入企业的生产、经营和管理计划，由企业和高职院校共同设计实训课程，将学生集中到生产性实训基地进行顶岗实习、实训。高职院校教师和企业人员共同承担教学任务，实现学生的专业能力与企业岗位能力相对接、实习实训环境与企业生产环境相一致。

第三节 校企双向服务机制

一、校企双向服务机制的内涵

高职院校应与企业共建双向服务机制，推进校企双向服务项目向深度和广度发展；负责指导校内各二级学院校企服务合作开发项目的立项申报与建设工作；加强跨专业、跨院（部）、跨领域的校企合作服务项目的协调和管理；负责校企合作横向科研项目的推进，促进科技创新平台建设，通过校企共同开展科技研发工作，引导专业教师积极为企业提供技术服务，提高自身的社会服务能力。

高职院校的学工处、教务处、组织人事处、财务处、资产后勤处以及继续教育学院等部门应在各自职责范围内负责校企合作双向服务的有关工作，形成齐抓共管的良好局面，具体包括：学工处主要负责学生顶岗实习期间的思想政治教育和安全管理工作，为学生就业创业搭建良好的平台。教务处主要负责校企实践基地的管理、学生顶岗实习期间的教学管理、校企合作课程开发等工作。组织人事处负责"双师素质"教师与"双师结构"教学团队建设等工作；聘请行业企业专家、专业技术人员、高技能人才担任兼职教师，承担实习实训技能培训等教学任务，如为教师举办培训班和讲座，有计划地安排专业教师到合作企业进行实践锻炼等。财务处主要负责核算校企合作服务项目运行成本，审查校企合作项目运行收入分配方式的合理性，以及财务管理等工作。资产后勤处主要负责校企合作过程中校内工作场地、设备的管理与监督使用，以及项目终止时固定资产（包括捐赠仪器设备）的清理与回收等工作，积极为校企合作提供相关支持与服务。继续教育学院主要负责为合作企业职工提供继续教育与培训服务等工作。

二、校企双向服务机制的主要内容

高职院校与企业共同修订、完善《校企合作实施方案》等文件，利用学校的人力资源优势和先进的实验实训设备，与企业共同建立集科研、生产、应用和高级技术技能人才培养于一体的运作体系，开创校企合作双赢局面，达到合作发展的目的。

高职院校应依托校企合作办学理事会，充分发挥其为地方经济社会发展服务的职能，依托企业的行业优势，充分利用教学资源，建立紧密结合、优势互补和共同发展的校企双向服务机制。

（一）专业课程建设和资源建设

高职院校与企业应根据市场的人才需求情况，共同开发专业核心课程，建立突出职业能力培养的课程标准。

高职院校在进行课程设置时一定要考虑课程规范，不管是课程组织，还是课程实践，都要符合课程规范的要求。同时，高职院校应倡导课程组织的灵活性和多样性，提倡课程改革的标准化和同步化，提倡多设置实践课程，在真实的生产过程和生产环境中培养学生的专业技术及应用能力。

企业应为合作院校提供职业资格标准、行业技术标准、相关岗位知识与技能要求等相关资料，包括重大项目可对外披露的设计文档、流程图和视频资料等，帮助学校不断丰富其教学资源库。

（二）实施"订单式"人才培养模式

高职院校可以与企业签订联合办学协议，实施"订单式"人才培养模式。校企双方共同制定人才培养方案和课程标准，学校负责专业课的设置工作，学生的生产实习、顶岗实习在企业完成，毕业后即参加工作，实现就业，从而满足企业的人才需求。具体来说，高职院校可以根据企业的人才需求"订单"，设置定向委培班、企业冠名班和企业订单班等。

（三）共建"双师结构"教学团队

高职院校应聘请行业企业专家、专业技术人员、高技能人才担任兼职教师，承担培养学生的实习实训技能等教学任务，并为教师举办有关新技术、新设备、新工艺和新材料的培训班及讲座。高职院校应有计划地安排专业教师到企业进行实践锻炼，从而构建"双师结构"教学团队。

三、建设创新与育人发展中心

高职院校应以地方政府为主导，以切实服务地方经济和社会发展为重点，建设创新与育人发展中心，搭建产教融合平台，与地方企业或产业化基地深度融合，形成"多元、融合、动态、持续"的协同创新模式与机制。

产教融合平台本质上是一个进行创新创业的有效载体，鼓励并引导学生、教师参与创新创业实践，并将创新创业与专业、科技、区域产业和政府导向相结合，增强师生的创新创业意识，使师生掌握创业知识和科技知识，帮助师生积累创新创业经验，从而提升师生的创新创业能力和成效，这也是产教融合的重要功能。通过创新与育人发展中心这个产教融合平台或创新创业载体，高职院校可以形成比较完整的创业实践教育体系。当然，高职院校在建设创新与育人发展中心的过程中，也要与当地政府、行业协会、企业和新闻媒体及时沟通，整合各种社会资源为创新创业教育服务，推动学生创新创业的社会环境建设。

第四节　产教融合的就业机制与激励机制

一、就业机制

职业教育的办学方针是以就业为指导，将学生的就业放在重要位置。产教融合既是实现高职院校与企业共赢的重要方式，又是实现职业教育与企业可持续发展的重要途径。

高职院校应明确就业工作重心，明确校、院两级工作职责，加强目标管理；优化职业生涯规划和就业指导课的师资队伍，以及加强学生就业服务指导中心建设，为学生提供就业信息，开展就业咨询服务；提高学生就业奖励基金和创业基金额度；扩建学生创业园，搭建创业平台，开展创业教育，提升学生的创业能力；建立毕业生跟踪调查制度，及时调整人才培养方向，适应企业要求。企业应提供生产标准，参与制定人才培养方案、课程开发，安排学生顶岗实习，提供就业岗位，并反馈毕业生信息，积极与高职院校合作育人、合作办学，提升学生的就业能力和就业质量。

二、就业反馈机制

高职院校应做好学生就业意向及市场需求分析工作。高职院校应对毕业生进行择业意向调查，对用人单位的用人意向和用人变化进行调查，并对各专业近几年的毕业生进行部分回访，收集用人单位对录用毕业生的满意度等反馈意见，有针对性地开展就业宣传和就业指导工作，从而更好地服务于学生就业。高职院校还要对往届毕业生进行就业质量跟踪调查，发放"毕业生就业情况调查表""用人单位对毕业生就业质量评价表"，与第三方评价机构合作，对毕业生就业情况进行跟踪调查，完成本校近几年毕业生就业质量年度报告，及时上传至省教育厅就业指导中心。

三、人事管理与分配激励机制

高职院校应大力推进校内人事管理与分配制度改革，坚持分配向教育教学一线的教师倾斜，确保教育教学一线的人均绩效津贴比行政教辅部门的人均绩效津贴高 5%。

完善公平、竞争、高效的校企合作激励机制。高职院校应修订、完善本校《关于深化绩效管理改革的实施方案》，进一步深化校院二级管理，扩大院（部）在教师引进、教师聘请、教师课酬、技术开发经费支配等方面的自主权，实现重心下移；从社会效益和经济效益角度制定教师参与校企合作与技术服务的核算标准，将其作为教师应完成的标准工作量的组成部分，纳入薪酬体系；将教师参与校企合作的情况计入教师业绩考核范围，作为职称评定和年度考核的重要指标。

四、校企合作激励机制

"激励"是指组织群体为了实现既定的目标，通过特定的环境条件和方式方法，以及完善的管理体系，激发团队成员的积极性和创造性，使其最大化兑现对组织的承诺，增强团队成员的心理调节能力和行为控制能力，最终使团队成员持续有效地为组织创造利益，实现团队成员的内在目标与组织群体的整体目标相统一的过程。

校企合作激励机制是指合作双方根据其具体需求，在实际合作的过程中充分考虑内外积极因素，利用一切可利用的方法，使合作双方为实现合作目标而持续贡献智慧、努力解决问题，不断提高双方积极性与合作动力的一种系统方法。建立校企合作激励机制的主要目的是激发合作双方团队成员的正确行为动机，调动其积极性和创造性，充分发挥智力效应的迭代效果，以深化校企合作，推动产教融合。

在建立校企合作激励机制上，高职院校应做好准备工作，如进行校企合作团队及其成员特点分析，把握校企合作激励机制的运行原理、设计原则和建立要点，为校企合作激励机制的顺利实施奠定基础。

（一）校企合作团队及其成员特点分析

参与校企合作的团队（以下简称合作团队）是校企合作平台的基本组成部分，合作团队及其成员是校企合作激励机制的主要作用对象，因此高职院校应对合作团队及其成员的特点进行分析，寻找建立校企合作激励机制的方法。合作团队主要是由高职院校师生和企业的相关人员共同组成的，双方成员以任务为导向，通力合作，以实现共同目标为最终目标，实现对人力、智力、财力和信息的重组优化、有效组合。

1.校企合作团队的特点分析

（1）跨组织，结构扁平化

合作团队一般是一个特殊的、临时的团队，因合作项目而产生，因项目终结而解体。从组织形式上讲，合作团队是一个跨组织的团队，团队之间的文化差异较大；从构成上讲，合作团队主要由高职院校师生和企业的团队成员构成；从结构上讲，合作团队属于典型的扁平化结构，组织机制和性质使团队成员有充足的发挥空间，可以针对合作创新所面临的问题进行充分的决策。结构的扁平化使合作团队的管理范围和跨度得以拓展，避免了很多冗余的审批沟通环节和内耗，增强了工作的协同性，产生了比单个主体简单"相加"更大的价值。此外，团队中的每个成员的人事关系依然属于原单位，因此他们对项目研发中出现的问题有充分的发言权，彼此之间是一种相互鼓励、相互切磋、相互促进的平等关系。

（2）知识结构合理

高职院校的师生和企业的工作人员在加入合作团队之前有着不同的工作经历和工作经验，也有着不同的知识结构和技能基础，双方的搭配组合使合作团队实现了知识互补和知识结构多样化，从知识结构和技术储备方面为合作项目及任务的完成提供保障。更为重要的是，团队成员之间正式的和非正式的沟通交流，有利于团队成员之间的思维碰撞，从而有利于产生新的思路和激发出新的灵感，对他们调整工作思路和方法、保质保量地完成项目任务具有积极的作用。

（3）合作与竞争共存

团队成员处于一种各司其职的合作状态，为了完成双方组织赋予他们的使命，双方成员都会尽自己最大的努力进行探讨与合作。同时，基于对被认可的需求，团队成员也会努力工作，以期得到认可，因此他们之间又存在着赶超、竞争的关系。可以说，合作与竞争是共生并存的关系，任何团队如果没有了合作与竞争，那么这个团队也就失去了活力。需要注意的是，这种竞争必须是良性的。

2. **校企合作团队成员的特点分析**

（1）人员素质相对较高

能够参与到校企合作中来的团队成员的学历和文化层次相对较高，并具有较为专业的知识背景和技术能力，而且有的成员还是行业内的学术带头人。由学校师生和企业人员组成的合作团队有自己的工作习惯和特点，注重自我管理和启发，对工作有较强的责任心和较高的忠诚度。

（2）进取心强，具有开拓创新精神

从事项目研发等创新活动的人员必须不断地更新自己的知识储备，否则其思维容易僵化，创新能力也会相应减弱。因此，能够长期从事研发工作的人员必定具有保持自身优势与价值的方法和良好习惯，而且具有强烈的进取心和学习欲望，对未知的领域保持着较强的好奇心。团队成员的这些特征都非常有利于校企合作项目的完成。

（3）需求层次较高

团队成员将攻克难题看作一种乐趣，注重自身素质的提升和自我价值的实现，从具体的合作中体会成功带来的喜悦，从而满足更高层次的价值需求。对他们而言，参与校企合作项目，如校企合作激励机制的建立、运行阶段的分析和决策等工作，以及获得校企合作激励机制的认可是激励他们的重要因素。

（二）校企合作激励机制的运行原理

1.校企合作项目的需求因素分析

（1）资源的充足补给

高职院校和企业之所以选择合作，是因为单方面的资源不能满足各自的需求，或者因为自身追求的目标对资源有更高的要求。此外，双方在合作的过程中，也必须对所需资源进行调整，否则会导致创新动力不足，校企合作激励机制也无法发挥其应有功效。

（2）科研氛围的营造

严谨、浓厚的科研氛围对合作团队而言至关重要，只有形成了较为成熟的科研氛围和科研习惯并能够加以保持，才能激发团队的集体智慧，为合作创新提供智力保障和环境保障，使合作效果显著提升。

（3）公平合理的评价体系

团队的合作效果最终要依靠评价的方式来确定，评价的指标主要包括：成员的努力程度、成果产出量化评分、研发成果的数量和价值等。评价指标要适当、合理，评价方法要得当，只有这样，才能及时、准确地衡量合作团队的创造能力，才能纠正合作过程中的偏差和规避潜在风险。

2. 校企合作团队成员的需求分析

根据美国社会心理学家亚伯拉罕·哈罗德·马斯洛的需求层次理论，人的需求可以分为生理需求（维持自身生存的最基本要求，包括衣、食、住、行等方面）、安全需求（保障自身安全、摆脱事业和丧失财产威胁等方面的需要）、社交需求（包括感情的需要和归属群体的需要）、尊重需求（包括自我尊重和受到他人的尊重）和自我实现需求（实现个人的理想、抱负，发挥个人的能力）五个层次。结合激励理论和合作团队及其成员的特点分析，马斯洛提到的生理需求和安全需求是团队成员的基本需求，同时与这两个层次的需求相比，其他三个层次的需求对团队成员而言更为重要，具体到实际合作过程中，可以归纳为以下几个方面：

其一，薪酬是合作团队成员需求的基本起点，薪酬激励对大部分成员是有效的，尤其是对普通的科研工作者和基层的企业工作人员来说。在当今社会压力下，获得经济性报酬依然是人们改善生活的主要途径，在各种需求中处于重要位置。校企共同确立薪酬体系的基本步骤包括：首先对双方团队成员的薪酬现状进行调查，尤其是相关行业的薪酬制度和薪酬水平；其次确定团队成员的绩效标准，可以由双方独立核算和制定标准，也可以在保证团队成员从原单位领取薪水的基础上，根据项目的进度和效益来进行绩效标准评定；最后设计薪酬结构，包括基本工资、绩效、福利以及各自的分配比例。此外，薪酬激励还需要依据团队成员职位变更、工作经验的积累和需求层次的变化适时进行调整。

其二，表扬、奖励、认可、肯定和尊重是团队成员的更高层次的需求。高职院校和企业联合组成的研发团队，团队成员具有不同的文化背景和认知水平，因此校企双方要激励团队成员相互鼓励、相互尊重，从而营造良好的合作氛围。这样既有利于塑造团队成员的向心力和凝聚力，也有利于校企自身的创造力的发挥。马斯洛认为，人的自尊是与生俱来的，人希望自己能够有威信、有实力、有信心，这种尊重需求若能被满足，将会激发个体无限的热情和主动性。

其三，自我实现是最高层次的需求。团队成员的个人理想和价值追求是促使其不断创新、创造的不竭动力，有时甚至表现为自我超越。因此，校企双方在组成合作团队时，需要将不同的成员安排到合适的工作岗位上，尽量使每位成员都能做自己感兴趣的、擅长的工作。

3. 影响校企合作的激励因素分析

下面结合校企合作的形式和技术创新的特点，以及团队成员的具体需求，主要从形象的激励因素和抽象的激励因素两个方面对校企合作的相关影响因素进行分析：

（1）形象的激励因素分析

其一，薪酬激励。在高职院校和企业的合作项目中，经济报酬仍是团队成员最基本的需求和刺激因素，也是非常有效的激励手段。薪酬不仅能满足团队成员生活上的需要，也是对团队成员的能力和价值的认可，是对团队成员个人价值最直观的体现。

其二，资源激励。团队成员来自不同的组织，构成比较复杂，资源的需求也比较复杂。例如，高职院校科研人员需要的是资金、设备及一线的实践经验，企业科研人员需要的是完整的理论体系的指导及对学术前沿的把握等。此外，资源的稀缺性会使双方成员受到一定的约束。如果合作过程中双方所需要的资源得不到满足，那么就难以维持良好的合作关系和团队成员的创新积极性，再好的激励机制也只能是纸上谈兵。

（2）抽象的激励因素分析

物质激励是提高团队成员生活质量的重要因素，精神激励则是调动团队成员积极性和激发其责任心的重要因素。抽象的激励因素主要包括机会、制度、发展的平台以及文化的熏陶等。抽象的激励因素可以在一定程度上使团队成员的个人发展空间和成长得到保证。其中，机会主要包括学习的机会、培训的机会、晋升的机会、决策的机会和获得授权的机会等，通过完善的制度，为成员获得这些机会提供保障，能够使合作团队及其成员保持积极向上的合作态度，营造良好的文化氛围，为校企合作激励机制的正常运行提供动力。

4. 校企合作激励机制的目标分析

目标激励是指通过目标的设置来激发人的动机，引导人的行为，使被管理者的个人目标与组织目标紧密地联系在一起，以激发被管理者的积极性、主动性和创造性。高职院校与企业要正确认识并充分发挥目标激励的作用，合理设置目标，使目标得到团队成员的认可，增强团队成员的自我存在感，提高团队成员的情绪价值和自我认可度，调动团队成员参与校企合作的积极性。鉴于此，校企合作激励机制目标的设置要注意以下几个方面：

（1）目标要具体且具有可实现性

团队的目标对团队成员的行为具有引导、激励作用。一般情况下，目标越具体，就越具有可操作性，成员的行为方向才能越明确，并且有利于成员根据自身的情况和整体的目标不断调整个人目标，逐渐靠近既定目标，缩小差距。同时，目标还需要具有可实现性，既要符合团队的利益，又要符合成员的整体认知，这样的目标才具有可考评性和真正的价值。

（2）目标要客观且具有挑战性

目标的客观性和挑战性是相辅相成的。首先，我们需要明确目标的概念。目标是指在一定时期内，个人或团体为实现自身发展或特定任务而设定的一种期望状态。校企在设置目标时，需要充分考虑现实条件，如自身能力、外部环境等因素，以确保目标的现实可行性。同时，应遵循事物发展的一般规律，避免盲目性和随意性。其次，具有挑战性的目标对团队而言十分重要，这种挑战性既是技术创新的客观要求，又是对团队成员自身专业技能的肯定。具有挑战性的目标能够激发团队成员的积极性和创造力，从而促使整个团队取得更好的成绩。在朝着具有挑战性的目标奋斗的过程中，团队成员需要相互支持、克服困难、协作共赢，从而增强校企合作团队的凝聚力，使团队成员共同进步。因此，校企要兼顾目标的挑战性与客观性，围绕目标设计并建立激励机制。

（3）个人目标要与团队目标一致

人是生活在社会环境中的个体，集理性和非理性于一身，团队目标的可实现程度取决于其与团队成员个人目标的吻合程度。对团队这个整体和团队成员个体而言，目标一致是二者进行合作的一个重要前提。

（三）校企合作激励机制的设计原则

1. 团队目标与个体目标相结合

在建立校企合作激励机制的过程中，需要综合考虑团队目标和个体目标，在目标上体现二者的需求，这样才能大大提高团队的工作效率。

2. 形象激励与抽象激励相结合

具体的物质激励（即形象激励）手段是基础，抽象的精神激励（即抽象激励）手段是根本，在二者有机结合的基础上，逐步从以形象激励为主过渡到以抽象激励为主，是建立校企合作激励机制需要考虑的重要内容。

3. 赏罚分明与公平合理相结合

校企合作建立激励机制的主要目的是引导团队成员自觉表现出好的行为，避免不利于团队的不好的行为。因此，激励机制必须严格区分正向激励和负向激励，对符合团队目标的行为进行表扬奖励，对违背团队原则的行为进行惩罚，而且奖励和惩罚措施要公平、适度、合理。

4. 民主公开与机会均等相结合

激励对象的选择要做到民主公开、机会均等，激励目标的设置要明确，激励的方法要恰当，受到激励的机会要均等。民主性、公开性和均等性与激励产生的效果和心理效应应当是成正比的，只有保证民主公开和机会均等才能达到激励的目的，否则激励机制的实施反而会起反作用。

5. 注重时效与按需激励相结合

在激励措施的实施上，需要选择合适的时机。激励实施得越及时，效果越好，越有利于团队成员创造力的持续发挥和自我激励。在进行激励时，应当充分考虑团队成员的不同需求，只有满足了不同成员的最迫切的需求，激励的效用和强度才能达到最高。例如，临时组建的合作团队，缺乏的是校企双方的彼此了解，这时校企就可以组织一些面向集体的拓展培训活动，使团队成员在团体互动中体会团队的凝聚力，提高对彼此的熟悉程度，从而尽快进入合作状态。

（四）校企合作激励机制的建立要点

校企合作是一个涉及各级政府、学校和企业等多元主体的复杂项目，这些主体通过彼此之间的依存关系建立合作关系。因此，建立校企合作激励机制时，不仅要明确多元激励主体，更要强化政府的主导地位，明确学校和企业在合作过程中的主体地位，并充分发挥社会组织的桥梁和纽带作用。

1. 发挥多元主体的积极作用

（1）强化政府的主导作用

高职教育属于准公共产品，高职院校与企业的合作有利于这种准公共产品的生产，政府应通过各种职能手段对其进行调控和配置。同时，高职教育在很大程度上是政府对资源和政策进行配置的一种结果，因此政府作为公共资源的保护者和公共政策的制定者，应当突出自身在校企合作中统筹发展的主导地位，发挥协调、推动和监督的作用。政府的主要责任可以从以下几个方面来明确：

首先，政策引导。高职院校和企业的发展，以及校企合作的推进都离不开政府的支持，因此在高职院校与企业合作建立激励机制的过程中，政府应发挥其主导作用，为校企合作提供政策激励和引导。具体而言，政府应通过正式的政策文件明确校企合作的重要意义，制定相关的激励政策和奖励措施，并对优秀的、典型的校企合作案例进行宣传报道，以提高高职院校与企业的知名度和公信力，调动双方合作的积极性。

其次，资金投入。为高职院校办学提供办学资金是各级政府的一项基本工作，也是政府发挥主导作用的重要体现。在财政支持方面，政府可以直接向学校拨付资金，也可以对学校的优势学科或项目进行投资，同时还可以发挥媒介作用，利用政府的公信力促进学校和企业之间的沟通合作，鼓励企业和社会力量捐资助学，减轻自身的财政压力。

最后，监督管理。高职院校与企业合作的顺利进行离不开各级政府的监督管理。政府应设立中央、省（自治区、直辖市）、地级市、县（乡）四级专职管理机构，负责校企合作平台的第三方监管工作。政府机构应联合教育、财政、人事、发展和改革委员会及工商等部门，共同成立校企合作指导委员会，制定合作办学的措施和发展规划，解决校企实际合作过程中的难题，定期对校企合作的成功案例进行推广和评优奖励。高职院校和企业也应该相应地成立校企合作办公室，开展对口对接、联系沟通和整体评估等工作。

（2）明确校企的主体地位

校企合作的主要目的之一是培养具备综合素养的技术型人才，这也是校企合作主体的主要职责。政府虽然在校企合作过程中处于主导地位，但是高职院校和企业在校企合作过程中的主体地位依然不可动摇。目前，在我国已有的校企合作中，存在着一定的表面化、形式化和务虚化的现象，从而导致校企合作主体的参与积极性并不是很高。因此，在校企合作过程中，不仅需要强化政府的主导地位，还需要明确高职院校和企业作为校企合作实施主体的地位，使校企双方秉承互惠互利的原则，实现双赢。

就学校方面而言，我国高职院校的办学理念相对固化，竞争力明显不足。因此，高职院校需要发挥主观能动性，主动寻求机会，与企业进行合作。第一，高职院校要从根本上改变社会对高职教育的认知，要让大众客观认识高职院校的社会地位，要主动寻求一切有利于学校发展和人才培养的资源，完善其社会服务职能，提高科研成果的转化率。第二，高职院校在寻求校企合作时要避免扎堆、同质化，要审时度势地认真思考自身的优势和劣势，突出办学特色，提高人才培养质量及其与社会需求的吻合度。第三，高职院校应主动"走出去"，时刻保持与社会共融和同步，对办学理念、日常管理和教学模式加以更新改进，保持人才培养模式与企业的发展需求接轨，提高人才服务企业的能力。第四，高职院校若有对企业有吸引力的项目，要主动联系企业，引入企业的资金、设备及实践经验等。总之，高职院校应该从办学理念、教学模式、人才培养模式、优势学科和管理体制等多个方面进行创新性改进，吸引企业的投资与合作，这也是构建校企合作激励机制的前提和基础。

就企业方面而言，我国大部分企业对校企合作的参与度和积极性不高，其中主要有两个原因：一是企业的根本目的是实现利益最大化，企业参与校企合作时必然会对自己的投入和产出比进行计算，当这个指标达不到预期时，企业就会考虑放弃合作。在实际的校企合作中，存在着很多不确定的风险，大部分项目的市场估值不可准确预计，所以企业为了避免风险，一般会保守地选择不合作。二是在校企合作过程中，学校一般处于优势地位，企业处于从属地位，企业的义务被过多地强调，而权利却得不到保证，这严重挫伤了企业参与的积极性。因此，校企合作必须从调动企业的积极性着手。例如，高职院校需要在合作姿态、合作项目管理和利益分配等方面强化平等理念，政府需要对参与企业给予一定的财政补贴、政策优惠和精神激励，同时应该在法律法规等方面引导企业履行社会责任，增强企业参与校企合作的意识和明确其对社会的责任和义务。

（3）发挥社会组织的桥梁和纽带作用

行业协会是参与校企合作的主要社会组织，是介于企业与政府、商品生产者与经营者之间，并为其沟通、服务、协调、监督的非官方中介组织。行业协会在促进产学研结合，打通教育与行业产业之间的屏障，确保教育规划、教学内容和人才供给能够与行业产业的需求相吻合，监督企业履行其在校企合作中的相关职责等方面具有不可替代的作用。概括而言，行业协会在校企合作中的作用主要体现在以下两个方面：

其一，具有连接教育与行业产业的桥梁和纽带作用。行业协会为实现自身的创新发展，需要与学校进行合作。因此，各行业协会需要不断加强自身的管理体系建设和职能效用发挥，充分突出其行业引导和统筹协调的优势，发挥其在业内的影响力，加强与政府部门的密切沟通与配合，面向行业发展和区域经济，有目的、有规划地选择与对口学校进行务实合作，整合行业的优势教育资源和企业资源，进行人才、智力和知识的后备补给，从而推动校企合作取得实质性进展。

其二，具有行业资质认证的职能。这里的资质认证主要包括对企业和学校的资质认证，即行业协会对能够进入校企合作范畴的企业和学校进行前期调研和相关资质考察，对符合条件的进行认证。这种认证可以是官方的，也可以是非官方的，主要是为学校和企业之间的互相选择提供参考，增强彼此间的信任。参加校企合作的高职院校需要满足行业的专业需求、研发需求和人才需求，而企业需要在管理、规模、经营状况和业内口碑等方面满足校企合作的条件，并借助大数据传递需求，寻求校企合作伙伴。在进行资质认证后，行业协会还需要根据国家的宏观政策和本行业的发展前景，制定、引导和规范校企合作的具体内容和成果转向，引导和鼓励高职院校与企业合作，缩短双方互选和斟酌合作内容的时间，实现校企合作局面从"点对点"到"点对面"再到"面对面"的转变，扩大校企合作的范围，提高校企合作的成效，加快校企合作的速度，推进校企合作进程。除此之外，政府也要对行业协会在校企合作过程中所起到的作用给予肯定，并进行适当的监管、补充和扩大。从某种意义上讲，行业协会作为社会中介组织和自律性行业管理组织，可以发挥一些政府或企业不能发挥的作用，如充分发挥桥梁纽带作用，加强行业自律，切实履行好服务企业的宗旨，积极帮助企业开拓目标市场等。

2. 提高学校自身的能力和吸引力

校企合作是一项涉及多个主体的大工程。高职院校为了加强与企业的合作并吸引更多企业参与进来，必须对自身的能力加以提升，并凸显企业参与合作的主体地位。高职院校在这个过程中应主动适应校企合作的模式，对企业在合作中的地位给予充分的认同，在全校范围内塑造积极的校企合作文化，确立学校和企业合作的双主体地位；调整自身的人才培养模式，加强实用型实践基地建设，提高双方资源的共享度；加快教学改革步伐，不断完善实践教学的管理机制，深化教学大纲的改革，实现教学内容和企业所需要的知识、技能对口对接，切实提高学生的就业数量和质量；定期进行市场需求分析和对口企业调研，构建基于企业需求的专业课程体系，重点强调人才培养要符合地方区域经济的发展要求；

优化教师队伍的组成结构，提倡教师"走出去"，去亲身体验，并主动将企业的专业人员"请进来"，全面提高教师的实践教学能力，满足学校教学科研和企业生产培训的根本需求。总之，高职院校作为合作的主动方应该通过各种措施和途径，增强自身的软硬件实力，以真诚的合作态度和宽广的胸襟建立与企业之间的合作关系，凸显企业在校企合作中的主体地位，为校企合作激励机制的构建奠定良好的关系基础。

3. 调动各方参与的积极性

完善的激励制度是合作主体实现利益的重要保障。完善的制度体系应具有三个特点：一是规制性，即制度必须以一定的规则为基础，必须对合作主体的行为具有制约和调节作用，并在具体合作的过程中对合作主体的行为具有监督作用，即要有针对行为结果的奖励和惩罚细则；二是规范性，即对于固定行为，要有固定的操作程序，并同时强调过程、方式方法和评价的统一性；三是文化认同性，即制度的构建要以合作主体的文化背景和认知水平为基础，强调统一和共通性。鉴于此，校企合作激励机制的完善要点如下：

（1）搭建多方合作治理的管理体系，协调各方的利益关系

我国高职教育主要采取的是政府财政拨款的单一定向管理方式。若要实现校企合作，就必须对这种管理方式进行改革，建立政府统筹、高职院校自主管理和企业参与管理的协同管理模式。

第一，加强对口管理。政府对于校企合作可能产生的问题进行立法、调控和引导，设立专门的机构来管理校企合作，加大对校企合作的支持力度和加强宣传介绍，保证政府、高职院校和企业在合作共赢上达成共识。

第二，在政府政策的指引下，根据地方的经济状况、资源特色和位置

优势，对校企合作的具体方向、内容和方式方法等细节进行具体规范，协调各方的利益，对校企合作进行微观管理和指导。

第三，在科学、安全、高效的基础上建立投资机制，鼓励多元主体参与校企合作。

（2）健全经费保障制度

经费不足是高职院校办学过程中面临的主要问题，充足的经费不但是高职院校办学的基础，也是校企合作的前提。否则，高职院校将始终处于"吃不饱"和"穿不暖"的状态，使企业望而却步。校企合作的目的不应该定位于"雪中送炭"，而应该定位于"锦上添花"。因此，校企合作激励机制的构建要以健全的经费保障制度为保障。对此，主要可以从两点入手：一是改变政府单一投入的模式，考虑建立校企合作专项基金；二是高职院校自身应主动寻求资金筹集的多渠道化，解决资金难题。

（3）完善监督管理制度

高职院校可以寻求第三方监督管理机构来完成对校企合作利益分配的监督工作，即对校企合作的内容进行评价，对校企合作项目的财务进行审计，对校企合作的过程进行监督，避免因利益分配不均而产生矛盾，保证校企合作激励机制的有效运行。

第三章　高职院校产教融合人才培养模式

　　高水平教学是建设高水平高职院校的重要支撑与核心基础，是持续保证并不断提高高职院校教育质量的强基工程。高水平教学必须有高水平的育人理念、高水平的教育环境和教学条件、高水平的师资、高水平的专业和课程，还要有高水平的人才培养模式。在全面推进产教融合和校企合作的背景下，探索高职院校人才培养模式，有利于深化高职教育改革，有利于探索应用型人才培养规律，也有利于实现高职院校人才培养与企业需求的无缝对接。

　　产业学院是以提升院校服务特定产业的能力为目标，整合政府、高校、行业和企业的资源，建立以应用型人才培养为主，兼有学生创业就业、技术创新、科技服务、继续教育等多功能、多主体深度融合的新型实体性办学机构。建设产业学院，培养适应和引领现代产业发展的高素质应用型、复合型、创新型人才，是高等教育支撑经济高质量发展的必然要求，是推动高校分类发展、特色发展的重要举措，具有服务区域产业、汇聚各方资源、促进高职教育发展的重要价值。以产业学院建设为平台，推动学分制、"1＋X"证书、创新创业、现代学徒制等方面的改革，对提高高职院校人才培养水平、促进科技服务和成果转化、提高高职院校服务地方和产业的能力具有重要意义。

　　本章将简要介绍产业学院提出的背景与实践，并在此基础上从学分制改革、"1＋X"证书试点、创新创业教育和现代学徒制四个方面，对高职院校产教融合人才培养模式进行分析，以期为高职院校探索并找到适合自己的产教融合人才培养模式和具体的方法、路径提供参考。

第一节　产业学院的提出与实践

一、产业学院提出的背景

近年来，国家对新时代应用型人才培养提出了新要求，特别是对产教融合、校企合作工作提出了新目标、新任务，先后出台了一系列深化产教融合的政策，这些政策的出台和推行，对产业学院等新型教育平台的建设、发展起到了很好的促进作用。

2017年12月，国务院办公厅印发《关于深化产教融合的若干意见》，提出"鼓励企业依托或联合职业学校、高等学校设立产业学院"。

为贯彻国家有关战略要求，落实《国务院办公厅关于深化产教融合的若干意见》和《教育部 工业和信息化部 中国工程院关于加快建设发展新工科 实施卓越工程师教育培养计划2.0的意见》等文件精神，推进现代产业学院建设工作，教育部、工业和信息化部（全称为中华人民共和国工业和信息化部）研究制定了《现代产业学院建设指南（试行）》，并于2020年7月印发。《现代产业学院建设指南（试行）》明确了现代产业学院建设的原则：

一是坚持育人为本。以立德树人为根本任务，以提高人才培养能力为核心，推动学校人才培养供给侧与产业需求侧紧密对接，培养符合产业高质量发展和创新需求的高素质人才。

二是坚持产业为要。依托学院优势专业，科学定位人才培养目标，构建紧密对接产业链、创新链的专业体系，切实增强人才对经济高质量发展的适应性。突出高校科技创新和人才集聚优势，强化"产学研用"体系化设计，增强服务产业发展的支撑作用，推动经济转型升级，培育经济发展新动能。

三是坚持产教融合。将人才培养、教师专业化发展、实训实习实践、学生创新创业、企业服务科技创新有机结合，促进产教融合、科教融合，打造集"产、学、研、转、创、用"于一体，互补、互利、互动、多赢的实体型人才培养创新平台。

四是坚持创新发展。创新管理方式，充分发挥高校与地方政府、行业协会、企业机构等双方或多方办学主体作用，加强区域产业、教育、科技资源的统筹和部门之间的协调，推进共同建设、共同管理、共享资源，探索"校企联合""校园联合"等多种合作办学模式，实现现代产业学院可持续、内涵式创新发展。

同时，《现代产业学院建设指南（试行）》指出，现代产业学院建设要以创新人才培养模式为首要任务，面向产业转型发展和区域经济社会需求，以强化学生职业胜任力和持续发展能力为目标，以提高学生实践和创新能力为重点，深化产教深度融合、校企合作，创新人才培养模式，调整人才培养方案、课程体系、方式方法、保障机制等；积极鼓励各专业打破常规，对课程体系进行大胆革新，探索构建符合人才培养定位的课程新体系和专业建设新标准；推进"引企入教"，推进启发式、探究式等教学方法改革和合作式、任务式、项目式、企业实操教学等培养模式综合改革，促进课程内容与技术发展衔接、教学过程与生产过程对接、人才培养与产业需求融合；协调推进多主体之间开放合作，整合多主体创新要素和资源，形成产教深度融合、多方协同育人的应用型人才培养模式。

二、产业学院建设实践

产业学院是深度产教融合大背景下校企合作的新模式、新产物，是校企开展协同育人的重要载体。产业学院人才培养模式是以学校为主，按照参与市场竞争的企业形式，组建具有产业功能和教学功能的现代企业，学校与企业、教师与师傅在真实的企业环境中联手从事高素质人才培养的模式。与企业合作并为企业"真刀实枪"地服务是产业学院人才培养模式的特点，企业是考核与评价实践教学成果的主体。近年来，加强产业学院建设，推动产业学院人才培养模式改革，成为高职院校深化产教融合改革和高职教育实现特色发展的重要内容，成为提升高职院校教育教学质量的重要抓手，并逐步形成高职院校与政府、高职院校与产业园区、高职院校与企业、高职院校与行业协会等多种产业学院建设模式，彰显了深度融合、功能复合、多元共建、贴近产业的产业学院建设的特点，体现了现代产业学院人才培养模式改革的特色。

一些高职院校按照"将产业学院建在产业园区，将专业建在产业链上"的建设理念，联合"政、校、行、企"等不同主体，多元协同，引入企业先进技术体系、先进生产设备、先进培训模式，共建"教学与生产相协同、学生与员工相统一、基地与车间相一致、教师与工程师相补充、技术与创新相融合"的实践平台,校企共同制定人才培养方案、共同开发课程标准、共同组建双师型团队、共同搭建实践教学平台、共同创办技术创新平台,以创立产业学院联盟、创办"产业链、创新链、教育链、人才链"四链衔接论坛、创设系列专项课题、创新校企激励措施、创建临时党支部的"五创并举"措施为抓手,大力推行各专业"两对接两访问三落实"(即各专业的专业标准对接行业标准、课程标准对接企业岗位标准,全方位访问产业园、企业及校友,落实对接企业、项目及双师型团队),通过学分制和现代学徒制"两制"改革,强化学生的综合素质、创新创业能力和专业技能,构建多元化评价体系,推动学生技术技能、技术创新和技术管理水平不断提升,形成"四元协同、五创并举的'1+X'育训结合"人才培养模式。

一些高职院校按照"政、校、行、企"的多跨度合作模式,与当地多个高新技术企业共同建设产教融合基地,形成统一规划、资源共享、优势互补、合理布局、和谐发展的可持续发展体系;面向产业转型发展和区域经济社会需求,以强化学生多元素质、专业技能、创新创业能力培养为目标,以提高学生创新创业实践能力为重点,深化产教深度融合,改革人才培养方案,重构课程体系,完善保障机制;"引企入教",推动启发式、探究式等教学方法与项目式、任务式、合作式、企业实操等教学模式的融合,促进人才培养与产业需求相融合、教学过程与生产过程相对接、课程内容与技术发展相衔接;以"信息技术、'人工智能+'"升级传统专业,强化智能化、数字化企业管理技能和项目实战流程,提高学生的实战技能;形成"赛学研培创"现代学徒制人才培养模式,整合多主体创新要素和资源,深化产教融合,推动学分制、"1+X"证书制度、创新创业教育、现代学徒制等人才培养模式改革。

第二节　学分制改革

一、国内外学分制改革概况

学分制是选课制、导师制和弹性学制相结合的教学管理制度。学分制改革是高职院校产教融合人才培养模式改革的重要组成部分。学分制能充分发挥学生的主观能动性，激发学生的学习兴趣，体现"因材施教"和"以人为本"的教育思想，是公认的较好的教学管理制度。追根究源，学分制起源于选课制。18 世纪末，学分制首创于德国。19 世纪 60 年代末，美国著名教育家、哈佛大学校长查尔斯·威廉·艾略特主张实行选修课，让学生拥有"学习自由"，即给予学生"选择学习的自由，在学业上追求卓越的机会，对自己行为习惯负责的训练"。他试图通过选课制，给予学生学习的自由。选课制一方面通过开设高阶段、跨学科、跨专业的课程供学生选修，实现学生素质能力水平的提升，促进学生全面成长；另一方面通过让学生自主选课，使学生学会思考和建构自己感兴趣的知识体系，提高能力素质，提早学会对自己的行为负责，增强自主意识。选课制打破了学年制的边界和束缚，随着选课制的出现，学分制逐渐产生并得到认可和推广。

（一）国外学分制改革概况

美国是较早提出学分制教学管理思想的国家之一。学分制的大力实施，对美国高等教育的开放式教育体制和大众化教育机制起到了关键的促进作用。美国学分制的特点主要体现在以下几个方面：第一，弹性学制。美国高校学生的自主性很强，可根据学位要求自行选择全日制学习或非全日制学习，达到学分要求即可顺利毕业。第二，主辅修制或者双主修制。为了满足学生个性化的学习需求，美国部分高校实行了主辅修制或者双主修制，使学生可以在学有余力之时进行跨学科学习。第三，专业选择的自由度高。美国高校学生可以自由选择专业，所选择的专业可以在本校也可以在其他高校，各高校一般采用学分互认的办法来管理转专业学生。第四，通识教育占重要位置。美国高校非常重视通识教育，各类专业都有共同的基础课，有些高校的基础课甚至达到总课程的50%。第五，学生选课自由度很高。有的学校还允许学生跨系别修习必修课，促进了学科之间的联系与交叉渗透，既注重学生的基础知识学习，又不断拓宽学生的知识面，培养学生的兴趣爱好，促进其全面发展。第六，统一课程学时、学分。美国大部分高校统一了课程学时、学分，如美国有些高校规定，学生须修完120～2180学分方可毕业，每学分的课时至少达到16学时。

日本学分制是在借鉴美国学分制优点的基础上改革而来的。为了确保学生学到扎实的基础知识，日本高校普遍实行学年学分制，其学分制系统细致、张弛有度，能够确保学生在规定的时间内获得相应的知识。日本学分制的特点具体体现在以下几个方面：第一，统一规定了学习年限及学分要求。日本高校对学生的修业年限、学分标准、毕业标准和升级条件等均有详细要求，学生只有达到规定的学习期限和学分才能拿到毕业证书。第二，统一规定学分标准。日本高校对学分的管理比较严格，制定了《大学设置基准》，规定了学生的学分标准，并规定了相应的学期和周数，学分的计算标准也是统一的。第三，注重外语学习。日本高校一般将英语作为必修的外语学科，另外学生可以自选一门外语修习。第四，实行"学分互换制"，即多家高校签署合作协定，互相承认学生在对方高校中所修的学分，这一方面使学生在学习时间和学习空间上都有很大的自主性，另一方面促进了各高校之间的学习交流。这种方式不仅有效提高了学校的教学质量，也让学生收获了不同层次、不同类型的知识，获得了全面提高。

德国引入和推行欧洲学分转换和积累系统（也被译为欧洲学分互认体系，英文全称是 European Credit Transfer and Accumulation System，简称 ECTS），将课程模块化，即将某个专业的所有教学内容按照一定的体系和架构分为不同的模块，每个模块的学习时间一般不超过两个学期，而且学生至少要通过一门考试或取得相应的成绩证明才能得到这一模块的学分。德国推行的 ECTS 有助于简化各高校的管理程序，提高学生的流动性。据统计，德国每年有一半以上的大学生以交换学习、实习、读语言班等形式在国外学习过至少一个学期。ECTS 方便透明的学分转换功能能够保证学生在其他学校或其他国家取得的学分得到认可，从而大大提高了学生参与交流项目的积极性。除此之外，ECTS 的实施有助于学生更好地规划和完成学业，帮助学生缩短学习时间，降低中途退学率。ECTS 的计算方法全面考虑了学生取得学分需要花费的时间和精力，使学习从"以教师为中心"转向"以学生为中心"，让学生可以更加合理、有计划地规划自己的学习，有效降低了学生对考试的恐惧心理，也改变了由期末考试等大考来决定毕业总成绩的状况，从而提高了学生学习的整体效率。

ECTS 使学生的流动性大大增加，使教学计划、教学过程和教学管理变得更加灵活，让学生在学习上拥有更多的自主权和选择权，允许学生根据个人需要和社会需求来构建合理的知识结构，对提升德国高等教育的竞争力有着积极的意义。

国外学分制改革的启示如下：第一，当今社会是竞争的社会，学校要培养出具有社会竞争力的学生，必然要结合社会实际，重视学生的全面发展，促进学生自主学习。学分制的实施效果充分体现了其因材施教、灵活性强的特点，学生可以根据自己的能力自主选择教师、课程、学习时间和学习进程，优秀的学生可提前修完学分，参加社会实践。这一做法使学生的自主意识、竞争意识和参与意识得到极大的提升，从而促进学校人才培养质量的提高。第二，学分制同样重视学生基础知识与素质的培养，通过加强专业知识的迁移与转换，来实现使学生全面发展的培养目标。第三，高职院校应在加强基础课程学习的基础上实施学分制，增加选修课程的种类及占比，给学生足够的自由选择空间，允许学生跨专业进行选修。有条件的学校还应实行辅修制，让学生在学有余力的情况下进行辅修，发掘学生的个性和特长，实现对学校教学资源的充分、有效利用。第四，高职院校的独立性较强，校与校之间、学生与学生之间的沟通交流较少，而学分制的实施可以加强各院校之间的合作与联系，因此制定并实施学生在不同院校之间的学分"互换""转移""认定"等制度，既有利于学生的交流发展，也有利于各院校之间的互助发展。第五，在学分制实施过程中，高职院校要注重终结性评价与过程性评价的结合。

（二）国内学分制改革概况

在我国，最早引进学分制思想的是蔡元培，他出任北京大学校长时，大力提倡以选课制代替学年制，这是我国早期学分制的雏形。中华人民共和国成立后，高等院校普遍用学年制代替了学分制，直到1978年，教育部提出有条件的学校可以试行学分制，学分制才再次登上舞台。

进入21世纪后，学分制越来越受到国家重视。2001年，教育部办公厅在《关于在职业学校进行学分制试点工作的意见》中强调了在职业学校进行学分制试点的必要性，对学分的认定和取得标准进行了明确规定，即一般课程以16～218学时为1学分，实践课程以1周为1学分。

2004年，教育部在《关于在职业学校逐步推行学分制的若干意见》中指出，逐步推进学分制，建立和实行与学分制相适应的职业教育课程体系，进一步建立和完善学分互认机制。

2006年，中华人民共和国国家发展和改革委员会（以下简称国家发展改革委）在《关于进一步加强高等学校学分制改革收费管理的通知》中对高等学校实行学分制收费的报批程序、总额上限和监督检查等内容进行了规定。《国家中长期教育改革和发展规划纲要（2010—2020年）》明确指出，要注重因材施教，要"关注学生不同特点和个性差异，发展每一个学生的优势潜能。推出分层教学、走班制、学分制、导师制等教学管理制度改革"。

2015年，教育部在《高等职业教育创新发展行动计划（2015—2018年）》中提出，推动专科高等职业院校逐步实行学分制，推进与学分制相配套的课程开发和教学管理制度改革，建立以学分为基本单位的学习成果认定积累制度。

2016年，教育部在《关于推进高等教育学分认定和转换工作的意见》中规定，试行各类高等学校（普通本科院校、高职院校与成人高校）之间学分转换，畅通不同类型学历教育、学历教育与非学历教育、校内教育与校外教育之间转换通道，建立具有中国特色的学习成果认定和转换体系。

2019 年，国务院在《国家职业教育改革实施方案》中提出，从 2019 年开始，探索建立职业教育个人学习账号，实现学习成果可追溯、可查询、可转换。有序开展学历证书和职业技能等级证书所体现的学习成果的认定、积累和转换，为技术技能人才持续成长拓宽通道。

2020 年，教育部职成司（全称为中华人民共和国教育部职业教育与成人教育司）在《关于做好职业教育国家学分银行建设相关工作的通知》中指出，建立符合中国国情的职业教育国家学分银行，结合"1 + X"证书制度试点工作，有序开展学历证书和职业技能等级证书所体现的学习成果的认定、积累和转换。这些文件的出台，为高职院校学分制改革提供了政策保障，确保了学分制改革的有效推进。

近年来，国内各高校主动积极探索学分制改革，取得了一定成效，学分制改革呈现出赋予学生更多自主权、实行弹性修业年限、鼓励多途径获得学分、实行学业导师制度、实行学分制收费等特点。但在实际改革过程中，由于涉及课程、师资及设施设备等诸多问题，学分制改革仍然存在难度大、推进慢的情况。目前，国内大部分高职院校根据自身实际情况，设置了不同的选课规定、培养方案、学分计算规则、毕业条件等，形成了不同的学分制改革模式。有的朝完全学分制的方向发展，有的实行学年学分制，有的基于弹性学分制进行了改革，有的进行学分置换与互认，有的开展主修辅修，有的实行导师制，等等。当然，也有少部分高职院校的学分制改革仍处于探索和试点阶段。学分制的实施需要高职院校建立深厚强大的资源基础，也对学生素质提出了更高的要求，人才培养及管理成本不断增加、难度不断提高，这些都为高职院校学分制的实施带来了困难。

二、产业学院背景下的学分制改革探索

高职院校要培养具有创新创业能力的高质量人才，首先要为学生创造宽松自由的学习环境，改革人才培养方案，给予学生更多自主选择课程的机会，充分发挥学生探索新学科、新知识、新科技成果等方面的主观能动性，使学生不断优化自身专业知识结构。学分制体系下自由的学习环境有利于学生发挥个人潜力，促进学生个性化发展，为学生创新能力的培养奠定基础。在现代产业学院的建设背景下，一些高职院校精准对接经济社会发展需求，建设了"政、校、行、企"四元主体的产业学院，打造了"五创并举"、突出创新能力的"1＋X"育训结合的人才培养模式，以学生的个性化学习需求和国家对创新人才的需求引导学分制综合改革。

学分制改革应以制度创新为驱动，以全面提高人才的创新创业能力为目标，尊重学生的兴趣爱好，促进教师指导能力和学生自主学习能力的提高。近年来，国内一些高职院校围绕深化产教融合这一主题，在现代产业学院背景下进行了学分制改革探索，并取得了一定成绩，值得各高职院校借鉴。

（一）学分制改革的具体举措

1. 实行弹性学分制，满足学生创新创业需求

以建设开发区科学城产业学院为契机，不断开展学分制改革创新探索，与时俱进地实施动态化教学改革和弹性学分制，修订学分制实施细则。

根据 2019 年教育部办公厅印发的《关于做好扩招后高职教育教学管理工作的指导意见》，我国各高职院校可针对扩招生源实施灵活多元的教学模式，实行弹性学习，最长不超过 6 年；确保总学时不低于 2 500 个，其中集中学习不得低于总学时的 40%。与企业及其他院校合作培养的，专业人才培养方案由学生学籍注册学校负责牵头组织制定、审定。这为高职院校实施个性化人才培养模式奠定了坚实的制度基础。因此，为满足学生创新创业需求，一些高职院校规定学生在校期间可申请休学，以进行创新创业，在修业年限之内，学生可以随时进行创业，也可以随时返回学校进行学习，修够规定的学分即可毕业。

2. 优化人才培养方案，夯实学分制改革基础

学分制改革的核心是给予学生更多自主选择和自由发挥的空间，通过修订人才培养方案，能有效解决"难以让学生有充分的时间进行自我学习和自我发展"的问题。一些高职院校以现代产业学院建设为契机，对学分制试点专业人才培养方案进行了相应调整，一方面合理调整选修课学分比例，使选修课学分比例高于总学分的 20%；另一方面调整实践教学，使实践教学学时普遍超过总学时的 50%，现代学徒制试点专业实践学时超过总学时的 60%。让学生有充分的时间进行自主学习和实现自我发展，鼓励学生把更多的时间用于创新实践，获得创新创业实践学分。

3. 建立导师管理机制，加强学习过程管理

高职院校应建立导师管理机制，由专任教师组成导师队伍，指导学生完成在校期间的课程学习，规避未知风险，从而提高人才培养质量。同时，导师应按学生考勤、课堂作业、日常表现等对学生进行过程评价，强化学生的自主学习意识，提高学生的自主学习能力。此外，高职院校应建

立学业预警机制，由教务处、二级学院、导师组成预警信息小组，加强对学生的管理，提升学生的学习质量。

4. 实行开放的转专业及辅选重修制度

充分尊重学生的兴趣和特长，为学生提供更多的自主学习选择权。例如，学生在进校一学期后可根据自身情况，按照学校要求提出转专业申请，转到有利于自身发展的专业进行学习；学校每学期开设"人文与素养""科学与技术""社会与经济""艺术与审美""运动与健康"五大类一百余门通识教育公共选修课供学生进行选修，促进学生个性化成长；鼓励学生参与"1＋X"证书试点学习，辅修多个证书课程，置换其他课程；支持学生自主学习，对已修读过的课程，只需要随班修读1/3的课程，其他采用自学完成即可，缓解学生在学习时间上的压力。

5. 以学生为本，建立学分互换认定管理制度

制定《学分制管理办法》《学分互换认定管理办法》，在全校范围内推进学分认定与互换、学分绩点改革，学生通过选修相关课程、技能竞赛、社会实践、职业技能证书、"1＋X"证书等取得的成绩，可以认定并转换为相应学分。同时，以高职扩招退役军人班、现代学徒制班为试点，探索并实施校企课程学分互认、成果学分互认等试点，使学生在合作企业中所修的课程，可以在一定范围内进行学分互换，实现成绩互认。这项制度扩大了学生选课的自主权，有利于培养学生的技术创新能力。

6. 开发个性化校企合作课程

高职院校各专业利用现代产业学院先进的产教融合基地，开发大量的校企合作课程，学生根据自己的专业兴趣和专业特长进行个性化选课。例如，部分理论课和实践能力培养类课程可以互认；学生可以根据自己

的意愿，进入校企合作实践基地修读相关课程，获取相应学分，也可以根据自己的学习能力和时间安排，提前修读专业课程。

7. 为学生提供线上、线下学习课程

顺应"互联网+"的时代要求和职业教育发展趋势，在选修课中积极推行、使用在线开放课程学习平台，为学生提供更多的学习形式。校企合作共建一批精品在线开放课程，既考虑学校各类精品课程、全校通识课程、专业基础课程及资源积累丰富的优质课程，也关注体现学科优势、适合在线教学的课程，并在MOOC、超星等平台上为学生提供线上选修课程；同时，加大对外部优质在线教学资源的引入力度，积极引入优质公共课平台，以及国家精品在线开放课程等资源，使学生享受到优质教学资源，也为教师教学方法的创新提供示范引领。

8. 设置创新创业实践学分

加快创新创业教育与专业教育的深度融合，努力提升创新创业教育水平。完善创新创业实践学分管理，在培养方案中设置创新创业实践学分，鼓励学生积极开展创新创业实践。学生参加创新创业大赛、获得专利或软件著作权、发表学术论文、参与教科研项目、参与创新创业训练计划项目等，均能获得相关的创新创业实践学分，并可在一定范围内进行学分互换。该举措能够极大地调动学生参与创新创业活动的主动性和积极性，培育更多具有创新意识及创业能力的人才。

（二）学分制实施的保障举措

1. 资源保障

学分制的顺利实施必须依靠丰富的教学资源，在产业学院背景下，校企需要建设大量的产教融合基地、创新工作室和协同创新中心，并围绕

试点专业开发大量的校企合作课程。同时，高职院校需要建设一批精品在线开放课程与精品资源共享课程，为学生选修奠定坚实的基础，使学生可以根据自己的专业兴趣和专业特长进行个性化的选课。

2. 管理保障

在教学管理中，对人才培养方案、课程结构重新设计，给学生更多选择和自由发挥的空间，制定和完善《学分制管理办法》《学生转专业管理办法》《学分互换认定管理办法》《重修管理办法》等，加强对学分制实施的管理；对现有的教学管理平台进行升级改造，以适应学分制改革条件下的教学管理、成绩管理和学分互换等要求；建立学分制教育成本分担机制，形成复合型人才培养模式。

3. 实践保障

产业学院中真实的企业项目、各级各类创新创业大赛和技能大赛、教科研项目等均为学生提供了大量的实践机会。高职院校应在培养方案中设置创新创业实践学分，鼓励并组织学生积极参与企业的真实项目、创新创业实践、创新创业大赛、技能大赛、教科研项目、创新创业训练计划项目，发表学术论文，申请专利或软件著作权等，允许学生将获得的奖励与学分进行互换，为学生的创新创业实践提供有力的保障。

4. 质量保障

高职院校应建立产教融合的质量保障体系，注重课程教学资源的建设，重视学生学习效果的反馈，加强对学生学习质量的监控，及时反馈学生的学习情况，鼓励教师设计更为灵活的考试制度。学分的取得不能仅仅依靠期末考试的终结性评价，而要将平时表现等过程性评价与考试成绩等终结性评价相结合，因此高职院校应设计更为灵活的考试制度，提高学生的学习效果。

第三节　"1＋X"证书制度试点

一、国外职业资格证书制度

在全球产业飞速发展的背景下，职业教育的发展与国家的经济紧密相连。在历史发展进程中，职业教育较发达的德国、英国、澳大利亚、美国等国家逐渐建立了较为完善的国家职业资格证书框架、制度和体系，并在国家层面统一了认证标准，便于各类（包括学徒制在内）学生的升学及管理。例如，英国建立了国家职业资格证书制度（National Vocational Qualification，NVQ），将国家职业标准分为八个等级，学生通过考核即可获得相应的资格证书。澳大利亚建立了学历资格框架（Australian Qualifications Framework，AQF），融通了普通教育与职业教育，职业教育的学生取得相应的资格证书后可以升入普通大学继续就读，普通教育的学生通过资格考试后也可以进入职业学院进行系统学习。这种职业资格证书制度和资格框架设计，使澳大利亚学生可以灵活转换受教育的形式，实现升学目标。美国学生在中学毕业后可以进入社区学院学习，社区学院可以同时提供普通大学前两年的课程、职业技术课程及证书，学生通过学习获得相应学分后，可以通过学分互认直接升入承认该学分的本科院校，转换灵活，升学方便。德国强调职业教育学历证书与多类职业技能证书并重,重视立法,制定了包括《职业教育法》《职业教育条例》《培训条例》《考试条例》在内的法律法规，与各州制定的《框架教学计划》《培训框架计划》等相互衔接，形成了比较完备、丰富的职业资格法律制度体系；强调社会工作的互相协调，从政策拟定到具体施行均有雇主企业、学员和政府的协同参与，使工作过程中的实际能力需求直接体现到教育培训课程和职业资格考核中去，保证教育培训和职业资格证书紧密联系。德国拥有严格的质量管理控制体系，德国政府发布了300多个具体的职业标准，强制规定职业资格证书是走上工作岗位的必备条件之一，获得职业资格证书前必须参加该行业组织的相关培训和考核，切实保障了国家职业资格证书的权威性、科学性和可靠性，从而提高了职业资格证书的社会认可度。

国外职业资格证书制度对我国高职教育的启示：

第一，学历教育、专业教育与职业资格证书衔接是必然趋势，有利于专业教育依据行业准入标准对其课程设置和教学方式等进行改革与完善，促进人才培养质量的提高。

第二，对于职业资格证书与学历教育的衔接，须加强顶层设计，利用政策促进政府、行业、企业、高校之间的合作，提升职业资格证书的社会认可度和含金量，推动职业资格考试的可持续发展。

第三，实行学分互换是在专业领域内实现学历教育与职业资格证书衔接的重要方式，对学生职业资格学习成果予以认可，能够有效激发学生的积极性，促进职业教育规范化与可持续化发展，提高职业教育质量。

二、国内"1+X"证书试点实施概况

2019年，国务院印发《国家职业教育改革实施方案》，提出在职业

院校、应用型本科高校实施"学历证书 + 若干职业技能等级证书"（即"1 + X"证书）制度，鼓励职业院校学生不仅要获得学历证书，还要积极取得多种类型职业技能等级证书。同年，教育部等部门联合印发了《关于在院校实施"学历证书 + 若干职业技能等级证书"制度试点方案》，标志着"1 + X"证书制度试点正式实施。2019—2020 年，教育部先后公布了 4 批"1 + X"证书制度试点院校及职业技能等级证书制度试点名单，标志着"1 + X"证书制度试点进入加速实施阶段。

国务院将"1 + X"证书制度定位于国家职业教育制度建设中的一项基本制度，定位于构建中国特色职教发展模式的一项制度创新。它与人力资源部门设置的职业资格或等级证书不同，是教育系统内部对职业教育与培训体系的完善，促进了职业院校学历教育与培训的推行，促进了职业院校人才培养模式和评价改革的深化，也对职业院校专业人才培养方案的制定和内涵提出了新要求。"1"是指学历证书，是学习者完成国家学制系统内规定的学习任务后所获得的学历证明；"X"是指若干职业技能等级证书。"1 + X"证书制度要求学生在获得学历证书的同时，取得多种职业技能等级证书。职业技能等级证书是学生职业技能水平的凭证，也是对学生职业技能学习成果的认定。证书既能体现岗位能力要求，又能反映职业活动和个人职业发展所需要的综合职业能力。"1 + X"证书制度实质上是改革职业教育与培训体系，完善国家职业资格证书制度，促进校企合作、产教融合的一项举措，它鼓励职业院校学生在取得学历证书的同时，积极考取多类职业技能等级证书，从而提高学生的就业竞争力，缓解学生的就业压力。

"1"和"X"衔接互通的意义并不仅仅体现在证书本身上，更重要的是可以转变人才培养质量评价方法，深化职业教育的教学模式改革；

特别是要把"1＋X"证书制度和专业建设、课程建设、教师队伍建设紧密结合，促进产教融合、校企合作理念下的人才培养质量提高。高职院校要在相关政策和制度的引导下，坚持育训结合、内外结合、长短结合，促进毕业证书与职业技能等级证书的融通，以人才评价模式改革带动职业教育质量提升；要准确把握人才培养的关键要素和主要环节，必须把"1＋X"证书制度落实到深化教师、教材、教法的"三教"改革上，进而改进对学生学习过程的管理与评价方法。

自"1＋X"证书制度试点工作启动以来，教育部先后公布了4批共计472个职业技能等级证书，快速回应了《国家职业教育改革实施方案》的要求。随着人们对"1＋X"证书制度认识程度的日益加深，证书的类型及试点数量也将会越来越多。然而，"1＋X"证书制度在受到职业院校和行业企业广泛关注的同时，也出现了一些问题。

（一）师生对"1＋X"证书认识不准

"1＋X"证书一般是指"学历证书＋若干职业技能等级证书"。在高职院校产教融合人才培养模式改革过程中，各方对学历证书的理解没有偏差，均将其理解为毕业证书，但对职业技能等级证书却没有清晰且权威的界定。主要原因在于，"1＋X"证书与已经存在多年的职业资格证书，特别是水平评价类的职业资格证书非常相似，导致多数师生难以分清楚二者的区别，认为"1＋X"就是在原来"双证书"教学、考证的基础上，再新增若干证书内容的教学和考证，因此职业技能等级证书与职业资格证书混用、并用现象较为普遍。

（二）社会对"1 + X"证书制度认可度不高

一直以来，社会对职业院校存在一定的认知误区，总认为职业院校培养的是技术型、技能型人才，"1 + X"证书对学生个体发展的重要性不大，因此"1 + X"证书制度能否得到大众认可还有待时间检验，"1 + X"证书能否成为学生高品质就业的"敲门砖"的前景不够明朗。可以说，"1 + X"证书制度在实施过程中较难得到大众的认可，相关试点工作较难推进。

（三）职业院校对实施"1 + X"证书制度动力不足

在实施教育教学的过程中，一些高职院校未能意识到"1 + X"证书制度的意义和价值，导致其试点工作实施成效不佳。部分职业院校虽然实施了"1 + X"证书制度，但校企合作力度不够、双师型教师缺乏，导致"1 + X"证书制度在职业院校中难以真正有效落实。

三、现代产业学院建设中"1 + X"证书制度的实践探索

实施"1 + X"证书制度，要以校企合作为契合点，推进产教融合、工学结合教育的实施。一些高职院校依托产业学院建设，采用"政、校、行、企"多跨度合作模式，引入企业作为技术平台支撑，与当地开发区多个高新技术企业共同开展产教融合改革实践，构建校企合作长效机制，以"1 + X"证书制度实施为导向，深化专业群及课程体系建设，推动学院与企业实效性合作，为学生等级证书的获取提供广阔的平台；与企业建立良好的合作关系，根据市场发展趋势，校企共建人才培养方案，推进"1 +

X"证书制度的实施与运用，达到良好的培养成效；深化"三教"改革，提高专业适应经济社会发展需求的能力；结合职业技能标准和教学标准，不断创新教学方式，构建课证融通的课程教学形态；建立与"1＋X"证书制度相适应的学分制制度、成效反馈和评价机制；加大宣传力度，普及"1＋X"证书制度的重要性等知识，提升社会认识，转变大众的看法，推动"1＋X"证书制度落实，提升人才培养质量。

（一）深化专业群及课程体系建设，为落实"1＋X"证书制度打好基础

开展"1＋X"证书制度试点工作，首先要建好专业群。专业群的组建不仅要符合知识逻辑，更要符合产业逻辑和岗位逻辑。其中，"X"职业技能等级证书不仅指向知识素养技能，更指向特定产业和职业岗位，只有将知识、产业、岗位有机结合，才能真正使"1"（学历证书）与"X"（职业技能等级证书）相衔接。"1＋X"证书制度试点体现了高职院校人才培养目标由过去的培养技能型人才向培养复合型技术型人才的转变，这就要求各高职院校的专业群要与产业集群或产业链对接，专业群内的专业要与具体的职业岗位对接，而且这一岗位在区域内要隶属于支柱产业、新兴产业或高新技术产业；专业群教学标准与"X"职业技能等级证书教学标准对接，这里的专业群教学标准并非群内专业教学标准的简单组合，而是根据专业群教学目标，在群内各专业教学标准的基础上结合职业技能等级证书教学标准，重新制定的教学标准，能够在一定程度上确保专业群教学标准与"X"职业技能等级证书教学标准的有机融合。

打破以专业为单位的课程壁垒，构建以专业群为单位的课程体系。遵循"底层共享、中层分立、高层互选"的构建原则，形成有助于拓展学

生能力的进阶式课程架构。"底层课程共享"即将公共基础课程和专业群平台课程纳入底层课程，增加专业群平台课程的数量；"中层课程分立"即精选专业群内各专业的核心课程，尽可能减少专业核心课程的数量，例如，将办公自动化、数据库应用等课程纳入底层的平台课程，减少专业核心课程数量；"高层课程互选"即增加专业群内可供各专业互选与共享的拓展课程的数量，形成丰富的拓展课程资源，供学生选修。高职院校应根据"1＋X"证书制度试点要求，为每个专业群选择若干职业技能等级证书，将职业技能标准与专业群内相应的课程教学标准紧密融合，利用专业群内的拓展课程资源，使职业技能等级证书标准与课程内容基本重合，设计为"课证融通"课程，使课程内容与证书教学内容有机衔接，形成专业群"课程融通"系统。

（二）"1＋X"证书制度与人才培养方案相融合

专业人才培养方案是实施教学的指导性文件，学校是"1＋X"证书制度的实施主体。高职院校在制定人才培养方案时，要与企业紧密合作，深入研究职业技能等级证书标准与专业标准之间的联系，推进"1"和"X"的有机衔接。具体来说就是，将证书教学内容及要求有机融入专业人才培养方案，统筹学历证书与职业技能等级证书、职业技能等级标准与专业教学标准、培训内容与专业教学内容、技能考核与课程考试，及时将新技术、新工艺、新规划、新要求融入专业人才培养方案，将证书内涵融入相关课程和教学环节，使专业人才培养工作主动适应发展新趋势和就业市场新需求，促进毕业证书与职业技能等级证书对接、融合，实现产教融合理念下的人才培养目标。

（三）"1＋X"证书制度与"三教"改革相融合

深化"三教"改革,提高专业适应经济社会发展需求的能力,将"1＋X"证书制度的实施与课程、教材的建设相融合,及时将企业的新技术、新工艺、新规划、新要求融入课程改革。例如,以企业为中心,参考企业的生产流程、标准、工艺等,实现教学内容的创新,将产业发展的实践案例融入教材,实现教学内容的延伸与拓展,让学生能够学习、了解企业的发展实际,为职业技能等级证书的获取提供保障;根据岗位工作要求,推进岗位知识内容与专业知识内容融合,采取有效的教学方法,将岗位重要知识内容传授学生,提高学生的学习积极性,以及学生对教材及岗位知识内容的认知水平与掌握程度,推动课程及教材建设,使课程及教材适应发展新趋势和就业市场新需求;建立与"1＋X"证书制度相适应的专业教学团队,提升教师开展职业技能等级证书培训的能力;编制"1＋X"证书制度下的专业教学标准,将职业技能等级标准、教材和学习资源开发、考核发证交由第三方机构实施,这样有利于客观评价高职院校专业人才培养质量。

（四）构建课证融通的课程教学形态

"1＋X"证书制度试点的关键是将制度落实到教学中。由于"1＋X"证书制度是一种标准体系,不同于日常的知识技能体系,所以采用传统的密集训练、刷题等方式帮助学生快速熟悉考试内容进而通过考试,就会背离"1＋X"证书制度试点的初衷。因此,"1＋X"证书制度试点应在既有教学内容的基础上,将"X"职业技能等级标准和教学标准相结合,不断创新教学模式,实现课证融通,如将"X"职业技能等级证书教学与现代学徒制试点专业的教学改革相结合，进一步强化工作过程导向，以企业真实项目为"X"职业技能等级证书教学的有效载体，将"X"职业技能等级证书的教学要求与企业的真实项目相融合，优化"双师"（学校教师与企业师傅）教学，建立"双师"共教共训模式，促进理实一体（即理论实践一体化）、有机融合。综上所述，高职院校应将"X"职业技能等级证书的职业技能等级标准与教学标准融入课程教学和教学改革过程中，促进教学质量的提高。

（五）建立与"1＋X"证书制度相适应的学分制改革制度

"1＋X"证书制度试点能够推动高职院校管理模式的变革，推进模块化教学学分制、弹性学制等教学管理制度的改革进程，促进学分互换制度的建设，实现学习成果的可追溯、可查询、可转换，促使高职院校规范有序开展学历证书和职业技能等级证书学习成果的认定、积累和转换工作，为技术技能人才的持续成长拓宽通道。"1＋X"证书制度积极鼓励学生取得若干职业技能等级证书，支持其根据自身兴趣爱好，辅修取得其他职业技能等级证书所需要学习的课程，并根据证书等级和类别兑换部分课程学分，学生获得相应学分即可取得学历证书。高职院校应落实职业技能等级证书按一定规则折算为学历教育相应学分的制度，在培养方案中提供更多具有灵活性的选项，让学生结合自身情况进行选择，让学生有更多的学习选择权。学分制改革有效地调动了高职学生学习及报考职业技能等级证书的积极性，推进了"1＋X"证书制度的有效实施。

（六）建立与"1＋X"证书制度相适应的成效反馈与评价机制

建立"1＋X"证书制度试点过程性数据的收集、分析、反馈机制。高职院校应围绕教师与学生两个方面，从教材、教学实施、学习动力、学习状态、学习成效等方面进行数据收集，将数据导入相应的分析软件并进行比较，以此为依据实现对"1＋X"证书制度的不断优化。

建立纵向对比、持续追踪和横向对照、全面评估的机制。一方面，高职院校应建立学生档案，比较分析每个学生的纵向学习曲线变化，追踪每个学生的就业情况、职业生涯发展情况，并进行对比，以判断"X"职业技能等级证书对人才培养的影响；另一方面，高职院校应通过问卷调查、访谈等形式，客观评价学生因"1＋X"证书制度试点而产生的变化。

第四节 创新创业教育

近十年来，党和国家高度重视高校创新创业工作，先后印发一系列相关文件。全社会掀起"双创"热潮，"双创"理念日益深入人心。业界、学界纷纷响应，各种新产业、新模式、新业态不断涌现，有效激发了社会活力，释放了巨大的创造力。近年来，各高职院校的"双创"教育取得了积极进展，如成立创新创业学院（中心）、搭建创新创业平台、开设创新创业课程、孵化创新创业项目、弘扬创新创业文化、开展创新创业大赛、创建独特的大学生创新创业教育体系等，培养了学生的创新创业意识和实践能力，促进了学生的全面发展。本节将简要介绍国内外创新创业教育情况，从中借鉴有益经验，并对现代产业教育背景下高职院校创新创业育人模式的改革实践与改革成效进行分析。

一、国内外创新创业教育情况

（一）国外创新创业教育情况

1. 美国斯坦福大学"硅谷"模式

斯坦福大学走创业型大学之路的成功模式已经成为国外大学转向创业型大学的典范。自 20 世纪 30 年代以来，斯坦福大学积极与企业开展合作，寻求科研资助。1951 年，斯坦福大学附属工业园区（Stanford Research Park，又称为斯坦福研究园，后成为硅谷的发源地）建成，标志着斯坦福大学迈上创业型大学的发展之路。斯坦福研究园的创建使斯坦福大学与工业企业的联系日益紧密，进一步促进了斯坦福大学创业教育的发展。后来，斯坦福大学于1970年设立的技术许可办公室实现了学术研究成果的商业化推广，成为全美高校的技术转移典范。20世纪90年代，斯坦福大学与硅谷合作，培养了众多高科技产品研发的领导者和创业人才，创造了"硅谷奇迹"。斯坦福大学在短短的二十年内迅速成为美国十佳大学之一。斯坦福大学的创业型大学发展模式的主要特色是围绕创业型人才培养目标，形成了以创业课程、技术转移和创业网络为核心的创业保障体系。

2. 德国慕尼黑工业大学"'管理+'培养计划"模式

德国慕尼黑工业大学是公认的研究型大学向创业型大学转型的成功典范，并发展成为欧洲标杆性的创业型大学。德国慕尼黑工业大学创业中心"管理+"培养计划是其创新创业教育生态体系的重要组成部分，它将行动学习和实践教育贯穿全程，将职业教育与创业教育有机融合，注重发挥创业教练和实践导师的指导作用，充分挖掘学生的自我教育潜能，突出精英教育和精准培育，在实践中产生了很好的效果。

德国政府非常重视大学生创新创业生态环境建设，从立法的高度推进大学生创新创业生态环境建设。例如，德国各级政府和各类部门均设有负责为大学生创业提供项目咨询、创业培训、新技术项目建设等服务和为中小企业提供企业注册、生存保护等事务管理服务的专门机构。学校主要从教育的角度全面加强学校内外的创新创业生态环境建设；企业主要从社会的角度加强对大学生社会责任感的培养，积极参与大学生的"双元制"培养；大学生个体则积极融入创新创业生态环境，不断调整自己的创新创业发展策略。

3. 英国华威大学的"产教融合机制模型"

英国华威大学（以下简称华威大学）是全球百强名校、英国顶尖研究型与创业型大学，也是英国首批将商业运作模式引入高等教育的大学之一。华威大学制造工程学院是欧洲最大规模的制造工程教学、科研、工业发展及顾问中心，是英国最著名的科技与创新中心，是世界水平的科研领导机构之一。华威大学将产教融合作为关键驱动因素，构建了包括"产教融合意识培育""产教融合实践探索""产教融合能力提升"和"产教融合环境营造"在内的高校产教融合机制模型。华威大学制造工程学院始终立足于市场需求，与行业企业紧密联合，并获得了政府部门的支持，将所有资源整合起来，确保项目最终成功。华威大学制造工程学院与很多知名企业都有着良好的合作关系，被一些媒体评价为教育与产业结合的楷模。

4. 韩国高校创业教育

韩国于 20 世纪 80 年代开始推广高校创业教育，在政府主导、产学合作和高校自我变革的推动下逐步走向了高质量发展阶段。韩国政府极力推进"技术革新"等战略的实施，基于此，韩国高校创业教育至今已形成较为完善的体系结构，形成了以创业支援中心为平台的社会实践教育、以创业学科建设为主导的专业化教育和以依托产学合作的生态化创业教育为主的高校创业教育三大模式，并且在课程内容、教学形式及师资队伍上形成了比较鲜明的特色。

特色一：系统性的课程内容。韩国创业教育课程重点围绕创业过程来安排，主要包括战略与商业机会、创业者、资源与商业计划、创业企业融资和快速成长五部分。各门课程均注重鼓励学生以全球市场竞争力为着眼点掌握创业知识与技能，学习分析和完善各种商业计划，使学生能够以更宽广的视角判断创业项目的可行性和发展路径。

特色二：灵活性的教学形式。韩国高校创业教育教学形式较为弹性化、个性化，除了正式课程即第一课堂，非正式课程即第二课堂在培养学生的创业精神和创新技能方面也发挥了很大作用，对学生的影响广泛而深远。第二课堂的主要内容包括商业计划大赛、个案研讨、报告讲座、市场调查、企业参访、实际体验等，这些教学形式更为注重学生的感性体验。可以看出，韩国高校创业教育注重实践，能有效地开发和利用全社会资源，其创业教育体系中不仅包括普遍开设的创业课程，还包括学校与社会建立的广泛的外部联系网络，形成了学校、企业良性交互式发展的创业教育生态系统。

特色三：国际性的师资队伍。韩国的创业教育课程教学任务主要由本校教师、企业资深人士和来自不同国家的访问学者三个群体共同承担。本校教师主要负责讲授创业理论课程，而且学校要求教师有在企业工作的经历；国内既有创业经验又有学术背景的企业资深人士兼任创业教育教学与研究工作；国外学者负责结合本国的商业实践和创业活动，帮助高校学生开阔视野，使其在掌握创业理论的基础上了解不同国家的创业实践。多样化的师资力量既丰富了韩国高校创业教育的内容和形式，也确保了韩国创业教育的针对性和实效性。

（二）国内创新创业教育情况

1. 清华大学"三位一体、三创融合、开放共享"的创新创业教育模式

清华大学创新创业教育是我国研究型大学创新创业教育典型模式的代

表之一，其在"三位一体、三创融合、开放共享"的创新创业教育理念下构建了完整的高校创新创业人才生态培养系统，是以提升学生的综合素质为目标的教育。清华大学利用现有的资源与条件，重视实践性教学，将创新创业教育与专业教育相融合，建立了跨院（系）、跨学科、跨专业的，多学科交叉的创新创业教育模式。清华大学将知识传授、能力培养和价值观塑造相结合，打造创业者所需要的创新精神、团队精神、社会责任等价值观，形成了"三位一体"的人才培养思路。清华大学通过对创新创业教育平台和创新创业教育实践活动的全面设计，构建了全方位的创新创业教育生态系统，通过院（系）共建联合企业、投资机构、战略合作伙伴等形式，面向全校学生、教师与校友，成立了横向联合机构"x-lab"三创教育平台。2015 年，建成了目前为止全球最大的校园创客空间——"i.Center"清华创客空间。"i.Center"是服务于创新创业教育的跨学科创客实践平台，是集知识、能力、素质和创新实践为一体的工程训练平台，为学生提供项目指导、技术支持、政策咨询和资金等资源，又将学习训练的成果输出，转化为真实的创业项目，从而提高学生的创业收益，提升学生的创业信心。

2. 华南师范大学"分层次""一体化"模式

华南师范大学夯实"四个平台"，融入专业教育打造创新创业教育"升级版"。学校面向全体学生构建了"分层次""一体化"的创新创业教育体系，将创新创业教育融入人才培养全过程；探索并建立了"为学生植入创业基因，服务经济转型升级"的创新创业教育理论和方法，重点夯实"创新平台、创业平台、教学平台和科研平台"四个平台，形成了"创新学科化、创业整合化、政策系统化、服务社会化、价值市场化"的创新创业教育生态系统，实现了课程体系本地化、实践平台多样化、师资队伍专业化、人才培养个性化、价值体系社会化、学科发展国际化的"六个化"，以及创新创业教育与专业教育的有机融合，走出了一条行之有效且独具特色的"双师模式"创新创业教育发展之路。

3. 高职院校创新创业模式——以广东轻工职业技术学院为例

广东轻工职业技术学院依托突出专业及产学研优势，打造了"创新创业人才培养和项目培育、科技成果孵化和转化、社会资源集聚和对接"三位一体的校级创新创业实践基地，建成了大学生创新教育与创业训练中心。广东轻工职业技术学院与政府部门、社会组织和校友加强联系，为学生的创业项目提供全方位孵化服务，帮助学生健康成长；利用行业协会资源，为实践平台提供技术支持，实现学生创业项目与政府资源的无缝对接，为实践平台提供师资保障和资金，为学生创新创业提供全方位服务。

二、现代产业学院背景下的创新创业育人模式改革实践

近年来，有的高职院校按照"将产业学院建在产业园区，将专业建在产业链上"的建设理念，积极融入开发区产业园区，开展产业学院建设工作，并取得了一定成效。例如，校企共同创建了"教学与生产相协同、学生与员工相统一、基地与车间相一致、教师与工程师相补充、技术与创新相融合"的实践平台；以政府创新创业政策为引领，以产教融合为契机，以行业、企业为依托，以现代产业学院为载体，将创新创业素养教育与专业教育相融合，通过"政、校、行、企"多方联动，聚集培养

创新创业人才所需的各种要素与资源，协同共建校内外创客空间、创业苗圃、众创空间等学生创新创业实践场所，着力打造产教融合的学生创新创业平台、学生创业公司；企业以项目合作、专家指导、接收学生顶岗实习等方式反哺学校的创新创业人才培养工作，形成良好的可持续发展的创新创业人才培养生态体系；加快推进创新创业孵化基地建设，探索与构建"学校、企业、孵化基地"三融合和"实践、竞赛、孵化、创业"四贯通的创新创业与就业教育模式，不断促进人才培养质量的提升。

（一）构建创新创业人才培养生态体系

以现代产业学院为载体，明确"政、校、行、企"多元协同在高职院校创新创业人才培养中的作用。政府是高职院校创新创业教育的推动者和引导者，高职院校是创新创业教育的主要承担者，行业是创新创业的重要实践平台，企业是创新创业教育的重要参与者，应充分发挥政府、高职院校、行业、企业各自的优势。只有多元协同，聚集资源，形成合力，才能全力助推高职院校创新创业人才培养工作，为推动创新创业教育教学改革提供支撑，构建以现代产业学院为载体的创新创业人才培养生态体系。

1.素质培养系统

通过组建创新创业师生工作室、模拟公司、学生创新创业社团等形式，对高职院校一、二年级的学生进行创新精神、创业意识的培养，从而提高学生的创新创业素质与综合素养。

2.能力提升系统

由创客空间、研究所、工程中心、创业公司等组成高职学生创新创业能力提升系统，通过考核、评定、竞赛等形式选拔具有发展前景的学生及项目进入创新创业基地，进行创新创业实战培训，通过开展项目实战、创业实践、模拟公司等活动，促进高职学生创新创业能力的提升。

3. 创新创业成果培育系统

由政府主导，校企共建众创空间、孵化器和加速器等高职学生创新创业成果培育系统，依托政府的政策支持与资金资助，利用创新创业成果培育系统，把具有发展前景的学生团队与项目推向市场并进行运作，促进学生团队加速成长，进而培育一批真正能经得起市场考验的高职学生创业企业。

4. 回馈反哺系统

由创业成功的校友企业组成回馈反哺系统，孵化与培育一批成功的具有影响力的学生企业。学生创业成功后，通过企业项目合作、专家指导、接收学生顶岗实习等方式反哺学校创新创业人才培养工作，从而形成一个通过校友的成功创业进一步反哺学校创新创业人才培养工作的生态体系，使创新创业教育工作与高职人才培养工作有机结合。

（二）深化创新创业人才培养模式改革

依托创新创业人才培养生态体系，构建"三融合、四贯通"的"双创"人才培养模式，并深化学校、企业、孵化基地"三融合"，聚集创新创业人才培养所需的师资、场地、项目、市场、资金、服务等各种要素，促进"实践、竞赛、孵化、创业教学环节"四贯通。具体来说，即通过"学校、企业、孵化基地"三融合，将企业项目融入教学内容、实训项目，使企业成为认知实习、生产性实习、顶岗实习的重要基地，让学生在感知、认知、熟知产品的同时，学习知识、技术与技能；以竞赛为抓手，激发学生的创新创业热情，形成创新创业成果；通过企业对师生的"双创"

成果进行检验与转化，对"双创"项目进行孵化，成立初创公司，通过初创公司提供就业岗位，带动就业，提供实践岗位，反哺教学，形成"实践、竞赛、孵化、创业"四贯通的"双创"人才培养模式。

1. 聚合创新创业要素，实现"实践、竞赛、孵化、创业"四贯通

通过"学校、企业、孵化基地"三融合，并发挥三者各自的优势，全方位聚合师资、场地、项目、市场、资金、服务等"双创"要素，营造良好的创新创业生态环境，打通学生"双创"实践、"双创"竞赛、技术创新与研发、"双创"成果转化与创业就业之间的壁垒，使学生的初创公司为本校学生提供实践机会与实习岗位，实现实践、竞赛、孵化、创业四贯通，提高高职院校"双创"高素质技术技能人才培养质量。

2. 契合企业新技术的发展，促进实训与"双创"实践融合

充分发挥企业在技术上的引领作用，将认知实习、课程实训、生产性实习与创新感知、创业认知、创新创业实践相对接。开设校企合作开发课程，结合企业的生产过程、岗位标准，对专业实践和"双创"实践进行系统性的设计，在实践教学中融入企业真实项目，植入创新创业要素，以启发式、设计式、策划式项目开发的形式进行实训教学，在实训课程中激发学生的创新思维，对实训中优秀的创新项目进行收集并深入研发，针对优秀创业计划进行模拟实施，将专业实训与"双创"实践相融合，实现从实训到"双创"实践再到研发的贯通。

3. 聚焦新产品开发要素，促进师生技术创新成果转化

以企业产品创新为引擎，依托企业的生产、市场、营销、渠道等优势，解决师生科技成果转化的问题。高职院校在技术创新、专利发明、创业方案设计与策划方面具有优势，但众多"双创"成果仍停留在研究开发阶段，无法落地。在三融合的环境下，依据企业的需要进行产品研发与技术创新，有目的、有方向，而且针对性强，企业成为"双创"成果转化的"推进器"，能够促使高职院校技术创新成果有效转化。

（三）现代产业学院建设背景下创新创业育人模式改革实践举措

1. 深化产教融合，加快推进校企合作

在创新创业教育改革中，围绕学生创新创业素养与能力的培养，实施集"实践、培训、竞赛、孵化、服务"为一体的创新创业孵化基地建设，为"双创"团队提供技术支持、所需资金、场地、政策与法律咨询、工商与税务等服务，以及提供专业导师团队，开展一对一的帮扶，提供精准服务，促使"双创"项目孵化成初创公司，实现可持续发展。

2. 建设"普适化、专业化、精英化"三进阶的创新创业教育课程体系，推进创新创业课程建设

将创新创业教育与职业能力培养融入人才培养全过程，以培养学生的创新精神、创业意识为宗旨，建设"普适化、专业化、精英化"三进阶的创新创业教育课程体系。

一是面向全体新生开设创新创业导论课程，将"思想政治教育、专业教育、创新创业教育、素养教育"相融合，通过精选课程内容，做好"创新与创业导论"课程的网络资源建设工作，完善课程标准、课程大纲、教学课件，制作教学视频，借助信息技术教学方法，灵活多样地编排微视频、互动教学、在线测试等教学环节，激发学生的兴趣，并编写具有时代精神的创新创业教育教材。二是将创新创业教育与专业教育相融合，以培养具有创新精神与创业素养的技术技能人才为目标，深化课程体系

改革，结合专业特点构建专创融合的课程体系，建设专业化创新创业特色课程。三是开展精英培养工作，对有意愿创业的学生进行有针对性的创业能力培训，使学生在培训中学习并深刻体会到创业必须面临的问题，通过撰写创业计划书的方式，使学生理解创业过程中的关键环节与创业的关键要素。

3. 开展具有趣味性、互动性、灵活性的丰富多彩的创新创业活动

大力开展创新创业特色活动，例如，举办创业实践嘉年华——模拟市场、云梦优创会展活动、设计思维训练营、微创业训练营、"燃动青春，创意无限"校园创新创业文化节等特色活动，举办"创新创业孵化基地入驻团队经验交流会""校园创客嘉年华""创新创业项目路演""创新创业就业政策宣传""创新创业成果交流会"等学生"双创"活动周系列活动，使创新创业活动辐射并影响全校师生。

4. 积极实施创新创业学分制改革，激发创新创业热情

制定创新创业学分管理办法，明确创新创业学分转换规则，即学生在校期间参加创新创业实践活动所取得的成效或成果，经认定可以转换成相应学分。学生参加由政府部门或其委托的行业权威机构组织的创新创业竞赛，以及学校组织的各类创新创业竞赛；学生参加校园创业（非注册）活动、网上创业实践，参加 SYB 创业培训并获得证书，入驻学校科创谷或创新创业孵化基地；学生主持或参与学校及市级以上的大学生创新创业训练计划项目、攀登计划项目、科研课题等；学生获得知识产权；学生校内外创业（已注册公司）等活动、成果均可置换为相应学分，这极大地提高了学生参与创新创业实践活动的积极性。

三、现代产业学院背景下的创新创业育人模式改革成效

（一）提升了高职院校的社会服务能力

近年来，我国各地高职院校积极与企业联合，不断改革和创新产教融合人才培养模式，在现代产业学院等理念的指导下，进行了大量的创新创业教育实践，努力打造"产、学、研、创"多元一体化工程中心，同时发挥学校的师资优势，通过企业将研发成果转化为产品，较好地实现了科研成果的转化与应用。高职院校立足区域特点，依托办学特色和专业优势，积极寻找与当地行业企业的对接点，充分利用校企实践平台培养并为区域经济发展输送人才，有效提升了其社会服务能力。

（二）提升了高职院校的创新创业孵化能力

近年来，各高职院校通过制度建设、项目孵化、开展创新创业实践与特色活动，激发师生的创新精神与创业热情，不断加大校企合作的力度，深化产教融合，建立了比较稳定的人才培养基地。同时，高职院校每年举办创新创业竞赛，选拔优秀的创新项目与团队，在创新创业基地进行培育与孵化，在一定程度上实现了以创业带动就业的目标。

（三）提升了高职院校教师的技术创新能力

高职院校以产教融合为基础，引入企业的真实项目，进行产品研发和技术创新，并根据企业的需要进行人才培养、项目（产品）研发和技术创新，促使高职院校教师将创新创业成果转化为实际生产力和技术创新能力，有效地提升了高职院校教师的技术创新能力。

第五节　现代学徒制

"现代学徒制"是一项旨在深化产教融合、校企合作，完善校企合作育人机制，创新技术技能人才培养模式的重要举措，是在校企深度合作的前提下，以学生技能培养为目标，以学校和企业"双主体"、教师和企业师傅"双导师"、企业和学校"双基地"育人为核心的人才培养模式。现代学徒制将传统的师傅带徒弟的培训模式与现代高职教育相结合，将教育、培训和就业融为一体，有利于实现行业、企业参与职业教育人才培养全过程，推动专业设置与产业需求对接、课程内容与职业标准对接、教学过程与生产过程对接、毕业证书与职业资格证书对接、职业教育与终身学习对接，提高高职院校人才培养的针对性和质量。

现代学徒制是西方国家职业教育的主要模式，其中具有代表性的有德国双元制学徒制模式、美国注册学徒制模式、英国"三明治"学徒制模式、澳大利亚新学徒制模式等。这些国家采用工学结合的形式来实现全过程的人才培养，在合作机制、培训标准、师资队伍培养、教学资源建设等方面取得了长足的进展，具有很强的规范性和科学性。本节将以国外现代学徒制的发展情况和国内现代学徒制的发展现状为着眼点，对现代产业学院背景下的现代学徒制进行探索，希望能够找到适合我国的高职院校产教融合人才培养模式。

一、国外现代学徒制发展情况

（一）德国双元制学徒制模式

"双元制"是德国学徒制的表现形式，堪称现代学徒制及职业教育的典范，其特点主要体现在：第一，政府立法支持，协会主导，企业高度参与。德国政府制定了《职业教育法》《职业培训条例》等与职业教育相关的法律，从法律上明确了职业教育的重要地位和作用。同时，行业协会不仅要确认职业培训的场所和职业培训的人员资格，审查培训合同，还要对培训活动进行监督，并对结业考试负责。第二，注重实践环节。双元制教育模式十分重视动手实践，每五天的学习时间中，学生有 3 ~ 24 天的时间在企业实习。学生通过在企业的实践锻炼，提高了实践能力，也提高了人际交往能力、团队合作能力。第三，建设高素质的师资队伍。德国职业教师的学历为本科以上，且须经过两年的实习。在实习期间，他们还需要通过教育学和心理学的理论考试，取得教师职业资格证书后才能申请签约。第四，完善的考核评价体系。学生在培训期间一共需要参加两次考试：一是阶段考，一般安排在培训期中；二是结业考，一般安排在学习结束时，考试侧重实践考核。

（二）美国注册学徒制模式

美国现代学徒制度以注册学徒制为典型，其经历了产生、发展和革新三个发展阶段，建立了一个企业雇主（联盟）主导的岗位培训和社区学院等主导的理论教学相互协同的跨界合作制度。美国现代学徒制围绕为什么进行合作、如何进行合作，以及如何实现合作等问题，逐步形成了

"市场主导、政府驱动"的利益驱动机制、"统筹兼顾、联盟平台"的协调沟通机制、"多方协同、标准引领"的课程开发机制、"证书规范、行业认证"的质量保障机制四个维度的运行机制。

（三）英国"三明治"学徒制模式

20世纪初，英国开始尝试一种"理论—实践—理论"或"实践—理论—实践"的"三明治"学徒制培训及课程设置模式。英国学徒制与英国普通国家职业资格证书相衔接，实现了与普通教育的衔接。同时，参加现代学徒制培训的学徒需要完成技术证书和核心技能的考核，英国就此形成由技术证书课程、关键技能课程和国家职业资格课程（NVQ）共同构成的三维立体课程体系。院校开设关键技能课程和技术证书课程，一般以考试形式进行考核；国家职业资格技能为程序性知识，重点培养学徒工作场所的特定能力，为学徒的评估提供了证明能力水平的材料。英国"三明治"学徒制的优势主要体现在三个方面：其一，校企深度融合，学徒享有工资收入，能充分调动学徒的学习积极性。其二，企业认可度高，学徒拥有更多的工作机会。学徒制为学徒知识和技能的提高提供了保障，得到企业充分认可，实现了人才培养质量与企业需求的高度契合，学徒的职场上升空间更大。其三，社会认可度高，学徒有良好的工作待遇保证。

（四）澳大利亚新学徒制模式

澳大利亚联邦政府于1998年引入新学徒制。新学徒制将学徒、培训机构和用人单位联系起来，形成结构合理的培训课程体系，具有层次化、一体化的特点。在澳大利亚，只要是年满十五岁的公民都可以申请参加新学徒制培训（包括岗前培训与在职培训）。澳大利亚新学徒制具有以下特点：第一，学徒和雇主到国家成立的新学徒制中心签署培训协议，然后到注册培训机构进行面试，注册培训机构主要是澳大利亚各州和地区内的技术与继续教育（Technical and Further Education，简称 TAFE）学院。学徒、雇主和培训机构三方商讨后共同签署一个培训计划，计划明确三方的权利和义务、培训的目标以及培训的项目。第二，参与新学徒制的培训机构（TAFE 学院）可以得到政府的教育经费，承担知识传授和部分技能培训工作。企业培训是学徒制的主要组成部分，雇主必须在整个培训过程中为学徒提供学习机会，并据此支付工资，同时政府向学徒的雇主提供补贴。第三，学徒可以根据自己的情况，与雇主协商选择不同的培训时间和地点、培训方式、培训教师及所要学习的技术技能。

二、国内现代学徒制发展现状

2014 年，《国务院关于加快发展现代职业教育的决定》明确提出"开展校企联合招生、联合培养的现代学徒制试点，完善支持政策，推进校企一体化育人"的意见；教育部印发《关于开展现代学徒制试点工作的意见》，标志着我国现代学徒制进入新的发展时期。之后，《人力资源社会保障部办公厅、财政部办公厅关于开展企业新型学徒制试点工作的通知》《国家职业教育改革实施方案》《教育部办公厅关于全面推进现代学徒制工作的通知》等文件提出了借鉴他国模式，总结现代学徒制和企业新型学徒制试点经验，全面推广现代学徒制的任务要求，现代学徒制工作全面推开。通过近十年的探索，我国现代学徒制不断发展，但仍存在以下问题：

（一）缺乏校企合作共赢的长效机制

自现代学徒制提出以来，国家虽然出台了大量的支持文件，但从目前的试点情况来看，由于企业资源不够、校企合作深度不足、学生培养质量满足不了企业需求，现代学徒制教育主体仍是学校，企业的参与度不高。政策的实施、企业的奖励等未能得到真正落实，因此试点中出现了学校热情高涨、企业冷淡迎合的尴尬局面，这也是在现代学徒制人才培养过程中，企业无法尽其义务的一个重要原因。如何建立校企双方共赢的长效机制，是我国现代学徒制实施中面临的首要问题，也是高职院校产教融合人才培养模式探索过程中必须解决的问题。

（二）缺乏统一的现代学徒制标准

在德、美、英、澳等现代学徒制发展较早的国家，政府牵头制定了一套相应的标准，用于规范和指导现代学徒制人才培养的各方面工作。我国虽然积极地进行了现代学徒制的探索，但对人才培养的规格和标准、各试点专业的教学标准、课程标准等均未进行统一，难以保证人才培养的规范性，因此人才培养质量难以得到行业企业的认可。

（三）缺乏完善的校企师资评聘机制

现代学徒制的教学团队是由学校教师和企业技术能手（即企业师傅）组成的"双导师"团队，他们承担着相应课程的教学任务。然而，就目前的试点情况来看，普遍存在学校教师缺乏实践能力，企业技术能手缺乏教学能力的现象。特别是在教学团队组建的初期，校企双方导师之间往往缺乏有效沟通，在教学环节容易出现割裂、脱节等问题，不能很好地满足现代学徒制的教学要求和高职院校学生的学习需求。另外，由于校企双方对企业师傅的激励机制尚不完善、晋升标准缺失，企业师傅对教学工作的热情和积极性往往不高。

（四）缺乏真实的教学场所及资源

现代学徒制要与企业生产一线紧密结合，以完成岗位典型工作任务和职业能力培养为目标，因此在教学场所方面，高职院校需要与企业紧密合作，选择与企业生产场景一致的实训场所，课程资源须与岗位工作任务相对应。但在试点过程中，由于受企业资源、保密条件等限制，教学场所与企业生产场景往往存在差异，教学场所中的实训设备也落后于企业的生产设备，开发的课程资源不能做到与企业生产实际相一致。

高职院校及相关主体必须正视并努力解决我国现代学徒制存在的问题，同时要吸取我国在现代学徒制探索方面取得的有益经验，为促进我国现代学徒制的发展奠定基础。我国的现代学徒制虽起步较晚，但发展很快。全国各地现代学徒制试点单位积极探索，涌现出了一批典型案例，为全国高职院校提供了丰富的经验。下面将对我国现代产业学院背景下的现代学徒制建设经验和建设成效进行总结，以期为高职院校应对现代学徒制建设中遇到的问题提供有益参考。

三、现代产业学院背景下的现代学徒制建设经验

高职院校应以学分制、现代学徒制"两制"为核心，以强化学生素质、创新创业、专业技能培育为目标，建设多元评价体系，形成"四元协同、五创并举的'1＋X'育训结合"的现代学徒制人才培养模式，深化产教融合，助力高职院校升级和创新发展。

（一）推进"政、校、行、企"四方联动、协同培养

高职院校应加大对现代学徒制的宣传力度，通过正面引导，扩大现代学徒制的影响力；协助企业获得政府财政补贴和税收减免等优惠，让企业在现代学徒制培养中发挥积极作用；建立产业学院理事会机制，明确各方责任与义务，消除企业参与校企合作和现代学徒制人才培养活动的后顾之忧，提升行业、企业参与的积极性。

（二）校企结合，育训结合

为实现高职教育产教融合精准育人的目标，高职院校应与企业积极合作，创建教学与生产相协同、学生与员工相统一、基地与车间相一致、教师与工程师相补充的实践平台，为现代学徒制人才培养改革奠定坚实的基础。校企在产业学院建设中，应强化"双身份、双导师、双场地、学分改革、育训结合"培养模式，形成"四元协同、五创并举的'1＋X'育训结合"的现代学徒制培养模式，以项目为驱动，以成果为导向，实现工学交替，分六个阶段（基础知识储备阶段 → 项目分解阶段 → 项目操练阶段 → 项目交付阶段 → 孵化创新研发 → 创业阶段）开展联合培养工作。在第一、二阶段中，让学生通过在校学习，掌握岗位需要的理论知识；在第三、四、五、六阶段中，让学生在企业真实场景下实施项目，掌握项目策划、跟踪检测等判断性思考和解决问题的能力，培养创造与革新精神、创业规划与创业设计的能力。概括来说，就是要做到校企结合、育训结合，逐步提升学生的技术技能水平和创新创业能力。

（三）完善现代学徒制技能标准，推进"1＋X"证书制度

构建现代学徒制技能标准体系应遵循现代教育理念，实现教育与行

业、学校与企业、专业与职业、教学过程与生产过程有机对接的产教联动。依托产业学院中的行业企业，学校、行业、企业协同构建学徒制框架，制定专业教学标准，用于界定教学内容、规范课程体系、指导专业建设、开展课程评价等，实现现代学徒制人才培养的标准化和规范化。构建过程中，基于专业定位，利用大数据技术对网络上的海量招聘数据进行挖掘、筛选及分析，并结合传统问卷调查及实地走访，把握最新的岗位人才需求及特征；采取"二维四步五解"职业能力分析方法，对合作企业目标岗位的工作项目、工作任务、职业能力进行逐步分解；以职业生涯发展为导向明确专业定位，以典型工作任务为线索确定课程设置，以职业能力为依据组织课程内容，以工作任务为载体设计教学活动，确定人才培养方案；在专业核心课程中融入国际标准，使教学要求、专业认证与国际标准接轨，同时与企业合作开展"1＋X"证书试点工作，将行业技术标准和职业资格标准的要求纳入专业教学考核范畴，规范对学生职业能力的要求。

（四）实施企业主导的课程改革，开发先进教学资源

高职院校各试点专业应实施以企业为主导的现代学徒制课程改革，强调在试点过程中，以任务为对象，校企共商共管开课计划与教学内容，规范教学过程管理，以实现对学生能力的培养。教学项目的设计应真实呈现日常岗位研发过程，学生在师傅（教师）的指导下参与项目的全过程，从中学习工程知识、设计/开发解决方案、应用现代工具、开展个人与团队工作、进行项目管理等等。培养学生的职业岗位能力和技能，将必备的专业理论知识、行业标准融入工作任务，分组、分岗位实施教、学、做一体化教学，充分调动和激发学生的学习兴趣，从而切实提高学生的

岗位技能。课程体系设计侧重应用实践，80%的课时用于实践课；采用"适应性""集中式""模块化"的教学方法，提升学生的实践能力，培养学生在工作过程中解决复杂问题的能力。

（五）制定科学的校企合作招生及考试管理制度

校企共同完善《现代学徒制自主招生章程》，制定《自主招生考务工作实施方案》《自主招生考务手册》《自主招生考试保密工作实施细则》《自主招生考试监考员守则》《自主招生考试面试考官守则》《监考员考务工作流程》《考场守则》《考生守则》《考务工作流程》《命题、抽签及阅卷流程》等管理制度，形成招生、招工一体化运行机制。高职院校应根据企业对专业理论知识、专业技术技能的需求，及时修订本校《现代学徒制文化考试大纲》《专业理论考试大纲》《专业技能考核大纲》，细化招生命题、考试、录取流程，确保考试录取工作公平、公正、公开。

（六）构建校企联合教学的 TPRF 质量保障体系

1. 建立专门的组织机构，加强人才培养质量监控

由高职院校各专业负责人、行业协会的专家、合作企业的专家组成三方专家委员会，共同制定并审核各专业的教学标准，将岗位群所需的职业能力及岗位技能融入其中，形成企业主导的现代学徒制培养方案。育人过程由校企双方导师共同参与，校企双方相互协调，提供能够满足人才培养要求的教学条件。学校教务处、质量监控办等教学质量管理监控机构，分别从教学管理、教学监控和学生管理三个方面进行教学管理、质量监控评价和信息处理反馈，以保证课程教学质量。学校、行业、企业三方从学生掌握的知识技能和岗位业绩方面进行评价，齐抓共管，及

时有效地对教学质量进行反馈，对企业主导的现代学徒制实施过程中存在的问题进行诊断与改进，定期检查、反馈，形成集目标（target）、过程（process）、结果（results）、反馈（feedback）于一体的"TPRF"质量监控与保障体系。

2. 建立企业主导、多方参与的考核评价机制

创新考核评价和监督制度，建立基于工作岗位的考核评价标准，落实学校和合作企业的主体责任。按照学校学历教育和企业学徒培养的要求，构建全学程、双向介入的人才培养质量监控和评价体系，评价内容包含课程评价、学生能力评价、教学质量评价等。学校教师承担专业理论课程的教学任务，部分实践课程的教学任务由企业导师承担，最终成绩由学校教师和企业导师共同评定，侧重考核学生的实践能力。对于纯企业实践技能课程，由企业导师承担教学任务并进行成绩评定，评定内容包括学生日常出勤情况、纪律情况、职业操守、团队协作精神、社会公德表现等，形成校企导师过程共管、成绩共评的评价体系。

高职院校应开发校企合作管理平台，学生需要每天登录平台并撰写工作日志，企业导师和学校教师可以随时查看学生的工作日志，企业导师每周要对学生评价一次，作为学生的平时成绩。学校教师根据学生的工作日志，随时同企业导师和学生保持沟通，对学生进行管理、监控、纠正，实现过程共管，及时调整培养模式，解决培养过程中出现的问题。

3. 完善现代学徒制诊断与改进机制

高职院校应制定《现代学徒制教学诊断与改进办法》，完善现代学徒制人才考核及学徒评价机制。在现代学徒制试点实施过程中，校企双方要深度融合，共同完成任务，进一步改革相应的教学内容与合作形式，

形成科学合理的教学质量评价标准和学徒考核办法，聚集行业焦点，发挥引领作用，建立并实施学校、企业、行业及社会多元评价机制，推进现代学徒制教学建设及改革深入发展。

第四章　产教融合背景下高职院校人才培养的路径

　　高职教育是我国高等教育的重要组成部分，而高职院校是实施高职教育的重要场所和主体，每年为企业输送大量技术技能人才，为我国的经济发展做出了巨大贡献。高职院校在培养学生实践、创新等核心能力方面具有得天独厚的优势。随着经济的发展和社会的进步，企业对专业人才的核心能力、可持续发展能力、就业能力的要求越来越高，这就要求高职院校正确认识这些能力之于学生的重要性，不断深化产教融合，培养各方面能力兼具的学生，提高学生就业从业的竞争力，以更好地满足社会发展和企业用人的需要。为此，本章主要围绕高职学生的核心能力、可持续发展能力和就业能力三个方面进行高职院校产教融合人才培养的实施路径研究。

第一节　产教融合背景下高职学生核心能力的培养

一、产教融合背景下高职学生核心能力培养存在的问题

（一）高职院校对学生核心能力的认识存在偏差

　　目前，很多高职院校对学生核心能力的认识存在一定的偏差，还没有

理顺什么是学生的核心能力的问题，导致其制定的人才培养方案、构建的课程体系存在缺陷。部分高职院校只是片面地认为高职院校的职能是培养学生的动手实践能力，忽视了学生的创新能力和职业素养的培养，忽视了对学生发现问题、分析问题、解决问题等自主学习能力的培养，导致其培养出来的学生和企业用人需求之间存在一定的差距。

（二）具体的人才培养方法有待改进

"十年树木，百年树人。"在培养学生核心能力的过程中，培养方法尤为重要。科学、合理、长效的人才培养方法有助于学校培养出具有较高综合素质的人才，高职教育尤为如此。目前，高职院校在人才培养方法上，还深受我国传统教育的影响。在理论知识讲授方面，有的高职院校还是采用填鸭式的教学方法；在学生实践能力培养方面，有的高职院校还是单一地采用"整周实训＋企业顶岗"的方式；有的高校虽然设置了理实一体化课程，但也只是把授课地点从教室搬到了实训室。总之，在人才培养的过程中，不少高职院校还是片面强调理论知识和实践能力分别培养，忽视了学生创新能力、职业素养的培养，当前采用的教学手段和方法并不能很好地为培养学生的核心能力服务。

（三）缺乏能够培养学生核心能力的优秀教师

在高职教育中，要培养学生的核心能力，高职院校教师的能力至关重要。如果教师本身的专业技能水平不高，教学理念、教学方法跟不上时代的发展要求，学生核心能力的培养也就无从谈起。目前，很多高职院校的教师本身并没有企业工作经验，而是从高校毕业后直接进入高职院校任教的。虽然各高职院校鼓励教师到企业实践，并取得"双师"证书，但学生核心能力的培养是一个系统工程，高职院校教师很难通过短期的企业实践真正取得"双师"资格，无法及时将新技术、新工艺、新规范融入教学。

（四）企业没有很好地参与学生核心能力培养工作

学生毕业后最终的工作地点在企业，企业要想招收到优秀的员工，就要把自己的诉求、文化等渗透进学校。目前，大部分高职院校虽然已经着手推进产教融合项目，与企业合作培养人才，但这样的合作往往不够深入，企业参与学生核心能力培养的积极性不高、合作效果较差。部分高职院校在制定人才培养方案和课程标准等文件的时候，没有与企业相关人员一起进行科学的论证，校企未能就"如何把企业文化、学生素养、创新能力等通过企业载体传授学生"等问题进一步深入探讨，企业的参与度较低，导致学校输出的人才与企业所需的人才匹配度不高。长此以往，企业参与高职学生核心能力培养工作的积极性就会减弱，产教融合工作也无法有效推进。

（五）学生核心能力评价标准不完善

学生核心能力评价在一定程度上是一个模糊的概念，因为核心能力的考核很难像理论知识考核一样通过试卷得到一个客观的分数。此外，我国各高职院校对学生核心能力的认识不同，导致学生核心能力的评价标准也不相同。例如，有的高职院校认为学生完成了专业课程和教学计划内的其他实践课程，并通过考试或者取得较好的成绩就掌握了相应的核心能力；有的高职院校要求学生取得某些专业技能证书，但是对于哪些技能证书能够客观反映学生的核心能力，哪些不能，不同高职院校之间也没有形成统一的标准。

（六）其他主体没能很好地发挥桥梁作用

高职院校与企业之间的合作，大多是以高职院校邀请企业相关人员参与人才培养方案、课程标准的制定，以及参与校企合作教材的编写，或是聘请企业工程师进入课堂教学等形式进行的，也有一部分企业会主动找到高职院校，进行"订单式"人才培养合作，等等。在此过程中，政府和社会组织具有非常重要的作用，即作为校企合作的桥梁和纽带，促使校企之间达成合作意向，或者为校企合作提供一定的支持。但实际上，很多时候，政府和社会组织没能在高职院校和企业之间起到很好的引导、润滑作用。

二、产教融合背景下高职学生核心能力的培养方法

高职院校培养学生的最终目的是帮助学生成长、适应企业需求，使学生可以顺利就业。从这个角度来看，高职院校培养的学生，最终要为企业所用，为社会发展服务。这就要求高职院校与企业积极合作，促进产教深度融合，从而更好地培养学生，使其具备实现个人发展和企业所需的核心能力。

（一）正确认识产教融合对学生核心能力培养的作用

第一，高职院校的领导层、教师需要正确认识高职院校和企业深度融合对于学生核心能力培养的重要性。高职院校要改变人才培养思路，把学校领导、教师与企业经营管理者结合起来，形成整体，以促进产教深

度融合。同时，高职院校应通过产教融合，优化师资力量、实验实训条件等，使学生核心能力的培养更具针对性。

第二，高职院校要制定相应的合作制度与激励机制，为产教深度融合项目的顺利进行提供制度保障，努力走产教融合的特色办学之路，加大学生核心能力培养的力度。

第三，高职院校要投入一定的资金，鼓励二级学院、相关职能部门、教师个人参与产教融合项目，并给予表现突出的相关部门或个人一定的奖励，提高相关人员参与的积极性。

（二）高职院校要重视师资队伍建设

在高职院校中，推进产教融合项目的主力军是教师，培养学生核心能力的直接主体也是教师。高职院校要建设高水平"双师型"教师队伍。在专任教师招聘方面，高职院校要严格落实国家相关文件精神，从具有三年以上企业工作经验的优秀人才中选聘教师。同时，高职院校要通过大数据、人工智能等技术工具，为教师发展"赋能"，打造一支专兼结合、干劲十足的"双师型"教师队伍。

（三）高职院校要努力推进产教融合，积极与企业合作

在我国，职业教育是以培养生产、服务一线的技术技能人才为目标的教育。职业教育明确指向某一职业群，使受教育者不但具有在某一个岗位就业的竞争力，而且具有适应职业变化的能力。今天，与产业深度融合已是职业教育发展的必由之路。高职院校作为培养学生核心能力的关键一方，要通过各种途径与企业合作，推进产教融合进程，共同培养技术技能人才。例如，常州机电职业技术学院以工业机器人职教集团为载体，

依托教育部相关项目，与企业共同建立了工业机器人技术专业企业生产实际案例资源库，收集了大量知名机器人企业的一线案例素材。

（四）企业要勇于承担责任，为高职院校产教融合人才培养助力

企业是产教融合项目的另一个关键方。其一，在人才培养方案、课程标准的制定上，企业要给予高职院校一定的支持，使制定的人才培养方案更加符合企业的需求。其二，企业可以与高职院校共建实验实训室，并提供一定的技术支持，让学生核心能力的培养有一个良好的平台作为支撑。其三，企业可以安排技术员、工程师进入高职课堂，把真正有用的先进技术传授学生，这样可以解决学生掌握的技能与企业岗位脱节的问题。其四，企业应与高职院校合作，提供一定的资金、场地和设备，安排高职学生进入企业参观、实习，让学生在校期间就体验到企业真实的生产环节，学生也能够借此树立正确的岗位意识，为将来进入企业工作奠定基础。

（五）高职院校要革新学生核心能力评价标准

对于高职学生的核心能力，不能采用传统的以单一试卷为主的考评方式来评价，而需要采用多元化的评价手段，评价内容需要涵盖职业能力、学习能力、创新能力、社会适应能力等诸多方面。因此，高职院校应与企业深入合作，依据课程性质的不同，采用具有针对性的考评方式。例如，对于考证类课程，学生需要在完成学习任务后，考取相应的职业资格证书；对于动手实践类课程，不单要考查学生的任务完成情况，还要把学生在实践过程中表现出来的职业素养等考虑进去。此外，对于有的课程，如校企合作开发的课程，可以让企业参与对学生的考评。

　　人才的培养是一个系统工程，高职院校要注重学生基本能力的培养，更要注重学生核心能力的培养。在传统教学模式不能适应我国企业人才培养需求的情况下，高职院校要通过深化产教融合，让企业更多地参与到学生核心能力的培养中来，使学生具备发现问题、分析问题、解决问题的能力，这样才能使高职学生核心能力的培养有成效。

第二节　高职学生可持续发展能力的培养

职业教育是面向经济社会发展和生产服务一线，培养高素质劳动者和技术技能人才，并促进全体劳动者可持续地实现职业发展的教育类型。产教融合也呼唤高职院校加强对学生可持续发展能力的培养。因此，在产教融合背景下，高职院校要将学生可持续发展能力的培养贯穿其人才培养全过程，在关注高职教育的经济社会功能的同时，重视学生个人职业生涯发展的需要。这不仅是高职院校人才培养需要考虑的重要内容，也是高职学生在未来职场中提升核心竞争力的现实需要，更是高职教育应有的价值追求。本节在分析高职学生可持续发展能力的内涵及构成的基础上，从宏观设计、中观引领、微观操作三个方面提出了基于素质教育评价的高职学生可持续发展能力培养的具体策略。

一、高职学生可持续发展能力的内涵及构成

（一）高职学生可持续发展能力的内涵

可持续发展的相关理念可以从联合国大会有关文件中得到解释。1987年，世界环境与发展委员会关于人类未来的报告《我们共同的未来》正式出版，将"可持续发展"定义为"既满足当代人的需要，又不对后代人满足其需要的能力构成危害的发展"。随后，联合国开发计划署在发布的《人类发展报告》中对可持续发展做了进一步的阐释，指出"可持

续发展即人的全面、和谐的发展，它既要满足人的现实发展需要，又要实现人们身心协调、持续和长远的发展"。1992 年，联合国环境与发展大会通过《21 世纪议程》，明确提出"面向可持续发展重建教育"，首次将"可持续发展"这一理念引入教育领域。2002 年，联合国举办了"教育促进可持续发展十年"活动，明确提出，从 2005 年至 2014 年，在全球范围内开展有关可持续发展的教育。

基于上述认识，我们可以把教育领域的可持续发展能力定义为人们通过一定时间的教育能够获得的，不仅能适应社会的需要而且能满足自身发展需求的潜在能力，这种能力可以使个人在职业活动和社会快速发展中保持全面、持久、协调发展。从外延上看，高职院校学生可持续发展能力是一个综合的范畴，是一种综合的职业能力。高职院校学生可持续发展能力主要包含四个方面的内涵：

1. 全面、协调发展

高职学生须在德、智、体、美、劳方面全面、协调发展。

2. 持续性发展

高职学生应能满足社会、职业及个人的发展需要，在知识、技能、素质、能力等方面具有长久的发展能力。

3. 高职教育的特定要求

高职教育的人才培养目标定位、培养模式及课程体系要能满足教育对象发展的需要，而且能显著区别于本科教育及中等职业教育等。

4. 职业适应性的本质属性

高职学生在其职业生涯中，应具有适应未来可能出现的职业或岗位迁移所需要的潜在的发展后劲。

（二）高职学生可持续发展能力的构成

高职学生可持续发展能力的构成复杂，我们可以把它看成个体成长中所必需的各种可视化的能力的集合。根据已有研究，高职学生可持续发展能力主要包括心理健康能力、自主学习能力、科学方法能力、社会活动能力、专业技术能力、职场规划能力、自我教育能力和自主创新能力八个方面的能力。

1. 心理健康能力

心理健康是指个体在认知、情绪情感、人际交往、环境适应等方面的一种持续且积极的心理状态。职场中的竞争与角逐，难免会让个体产生心理困惑，甚至是心理失衡，这就需要高职学生具备较强的心理健康能力及适应社会的能力。

2. 自主学习能力

高职学生的学习目标不仅仅是掌握基本技能，更重要的是培养自主学习能力，这样高职学生才能在未来职场中"主动学习"，所以高职学生要学会"自主学习"，树立终身学习的意识。

3. 科学方法能力

科学方法能力是指个体在认识真理、改造世界的过程中掌握实证方法、逻辑方法以及运用直觉思维的能力。高职学生只有具备科学方法能力，才能在具体的认识和实践活动中不断地从各个渠道获取有用的知识和信息，从而正确认识问题并解决问题。

4. 社会活动能力

社会活动能力是指个体在有目的、有针对性地参加社会活动的过程中，了解社会并研究社会，主动参与社会生活和社会建设的能力。社会活动能力集中体现在能够理解个人参与社会活动的权利和义务，具有关心他人、社区和社会问题的责任感，能够正确处理合作与竞争的关系，注重提高自身的人际交往能力并不断培养自身良好的社会道德等方面。

5. 专业技术能力

专业技术能力通常是指个体掌握与所从事的工作相对应的专业技术技能的能力。高职学生须提高对所学专业的认知能力，牢固掌握专业所对应的岗位群所需要的基本理论、基本技能和前沿技术。

6. 职场规划能力

职场规划能力是指个体结合自身情况，以及眼前的机遇和制约因素，为自己确立职业目标，选择职业道路，确定教育、培训和发展计划，并为自己实现职业生涯目标而确定行动方向、时间和方案的能力。高职学生若想在未来的职场中取得成功，必须具备职场规划能力，并能够对自身的职业生涯进行科学的规划。

7. 自我教育能力

自我教育能力是指个体自觉主动地把社会要求的思想道德规范在内心加以理解和体验，并通过实践转化为自己比较稳定的自觉行为的能力。人类历史上所有取得伟大成就的人，无不具有高度发展的自我净化意识和自我革新能力。

8. 自主创新能力

自主创新能力是个体可持续发展的动力源泉，也是高职院校人才培养的重点内容之一。从个体可持续发展的角度来看，高职学生自主创新能力的培养就是要关注高职学生实践能力、思维能力的培养。高职学生要学会创新，也就是要将知识、技能、经验转化为新产品、新技术、新工艺，并为适应社会发展需要不断激发自身的发展潜能。

二、高职院校加强学生可持续发展能力培养的必要性

在产教融合背景下，加强学生可持续发展能力培养是高职院校深入理解人才培养目标、不断与时俱进的一种表现，对提高高职院校人才培养质量具有重要意义。高职院校在人才培养过程中加强学生可持续发展能力的培养是深化"产教融合、校企合作"的需要。我国社会形态的日益成熟及产业结构的转型升级，对以就业为导向、以培养学生专业技能为主要目标的高职教育人才培养规格提出了新的更高的要求。高职教育对高素质技术技能人才这一培养目标的理解也应不断深化，并在实施人才培养方案的过程中与时俱进，不断拓展、提升。

加强学生可持续发展能力的培养，是贯彻落实素质教育的必由之路。素质教育，是以全面提高人的基本素质为根本目的，以尊重人的主体性和主动精神，以人的性格为基础，注重开发人的智慧潜能，注重形成人的健全个性为根本特征的教育。概括地说，素质教育是以提高人才素质为重要内容和目标的教育。作为高等教育重要组成部分的高职教育必须遵循教育的本质，既注重对学生职业技能的训练，又注重对学生创新意识和可持续发展能力的培养。将"可持续发展能力培养"融入高职院校人才培养过程，不仅能够使学生获得更高水平的职业技术技能，还能使学生获得一定的精神资源，从而培养出一批具有可持续发展后劲的专门人才。因此，高职院校加强学生可持续发展能力的培养不但与现代职业教育的发展趋势相适应，而且与行业企业对人才培养规格的要求相吻合，有助于促进产教深度融合发展。

三、基于素质教育评价的高职学生可持续发展能力培养策略

高职院校的素质教育和专业教育是人才培养的两个有机方面，二者既有区别又有联系。专业教育更多地强调以什么样的课程和教学内容来培养人，而素质教育则更多地强调以什么样的思想素质和精神境界来影响人。素质教育的实施与评价，可以有效促进高职学生可持续发展能力的提升。

（一）宏观设计：加强社团文化建设，构建素质教育实施载体

社团文化作为一种重要的教育资源，是高校开展素质教育的有效载体。社团文化具有主体性、工具性、时代性、感染性、教育性等特征，对高职学生的思想政治素质、科学文化素质、心理健康素质、专业素质、信息素质的提高，以及实践和创新能力的发展均有重要的影响。当前，依托产教融合实训平台建设专业社团俨然成为高职院校教育教学工作中一种新的价值取向和追求，专业社团活动已成为技术技能人才培养过程中的重要一环。

高职院校应以"社团巡礼节"为依托，理顺社团建设思路，完善社团成立办法、社团考核办法等制度规范，促进社团有序发展。在建立院级社团的基础上，高职院校各二级院系可以成立下属学生专业社团，努力把社团打造成校园文化建设的重要生力军和素质教育的重要载体，让专业活动融入社团，让社团成为开展专业活动的舞台。

（二）中观引领：加强班级量化考核，激发素质教育内在动力

只有在集体中，个人才能获得全面发展其才能的手段。也就是说，只有在集体中，个人才可能全面自由地发展。因此，素质教育的持续开展

必须扎根并落实于班集体之中。高职院校可以通过发挥班集体的主导作用，促进学生自我教育、自我管理、自我服务、自我监督"四自能力"的提高，进而促进学生综合素质的不断提升。同时，没有制度的约束就没有目标的实现。这就需要高职院校各院系在中观层面制定相应的制度，通过制度激发素质教育深入实施的内在动力，从而在量化管理和考核中引领班集体和个人同步发展进步。

高职院校需要系统梳理管理制度，在强调情感育人的同时强化规矩意识及制度约束力，形成"以促进学生可持续发展能力提升为中心"的循环闭合的考核制度体系；将学生个人表现情况与班级量化考核结果相关联，并定期将结果公开，力求做到量化出来的数据透明、公正、可视、可追溯，进而推动素质教育工作细致规范、科学有效地开展。与此同时，通过班级量化考核和"四率"（即以年级为单位，由各年级的中层领导进行不定期检查，主要检查时间为：早自习、上课、自修课及晚自习）检查与班级评优评先相对接，增强高职学生的自律意识和集体观念。除此之外，高职院校各院系应在班级量化管理细则中新增班级文化、新媒体宣传、班级活动等内容，并设置附加分项目和处罚项目，以此构建多维立体、奖惩并重的考核体系，激发学生参加各类活动的热情，增强学生的身心素质和竞争意识。总之，以班级量化管理带动学生个人发展进步，发挥班级的主导作用，能够促进高职院校素质教育的实施，使高职院校在培养学生可持续发展能力方面取得良好效果。

（三）微观操作：加强素质测评认证，构建素质教育评价体系

全面实施素质教育，提升学生的综合素养，是高职院校应该承担的责任。素质教育应当成为当前高职院校人才培养的指挥棒。高职院校必须

以学生为主体并依靠学生，通过素质测评与认证不断激发学生的自觉成长潜能。因此，构建多维立体的素质教育评价体系并加强对学生的综合素质进行测评与认证，是素质教育取得成功的关键。高职院校在构建学生素质教育评价体系的过程中，应该注意评价的主导性、主体性、主动性之间的相互融合、统一，确保评价具有监督、反馈、激励、导向、发展功能。

高职院校要改革并完善学生综合素质测评办法，发挥信息化平台优势，要求学生每年完成"十个一"，即参加一次党团活动、参加一次公益服务活动、参加一次课外科技文化活动、听一场创业讲座、参加一次文体活动、做一次公开演讲、写一篇读书笔记、参加一次心理健康教育活动、参加一个学生组织或社团、听一场专业知识讲座。同时，高职院校应构建"80＋10＋X"的学生综合素质测评体系，通过班干部、班主任、二级院系三方共评的方式，对素质教育的内容进行考核，使素质教育的内容与学生的思想道德、文明礼仪及活动参与情况相对接，与个人评奖评优相衔接，发挥学生的主体作用，深化学生对素质教育的认识。三方共评、多维立体的测评与认证体系能够增强素质教育评价体系的科学性和系统性，激励学生成长进步，促进学生的可持续发展能力不断提高。

第三节　产教融合背景下
高职学生就业能力的提升

产教融合、校企合作是当前高职教育改革的目标与方向，是逐步提高行业企业参与职业教育教学，全面推进校企合作协同育人机制的重要载体。面对当下就业难的形势，产教融合已成为各高职院校提高学生就业能力，提升学生就业质量，培养应用型人才的重要手段。在人才培养过程中采用产教融合的教学方法，是高职院校创新教学模式、培养高素质复合型人才的重要手段。然而，在社会生产日益复杂的大环境下，产教融合这种方式在给企业带来经济效益的同时，各种问题也越来越突出，甚至影响了产教融合的顺利实施。就高职院校产教融合人才培养探索与实践而言，在多种因素的综合作用下，高职院校毕业生的就业能力和就业比例未能达到预期效果，部分问题依旧突出。本节以高职学生的就业能力为切入点，深入分析产教融合模式下高职学生的就业能力现状及存在的问题，并提出了优化路径，希望能够为提升高职院校毕业生的就业能力提供参考。

一、高职学生就业能力的内涵

就业能力既包含学生获得一份工作的能力，也包含学生能够满足企业需要的能力及学生个人职业生涯发展应该具备的能力。从就业活动的整个过程来看，高职学生就业能力的内涵可以从软技能和硬技能两个方面来理解。

（一）软技能

软技能是指除某一职位应具备的专业知识和技能外，能为企业带来其他利益的其他能力。对高职院校学生而言，沟通表达能力、数字化应用能力、创新能力、自我完善能力、协同合作能力都属于软技能。

职业核心能力也是软技能的一种类型，是指人们在工作和生活中除专业岗位能力之外取得成功所必需的基本能力，它可以让人们自信和成功地展示自己，并根据具体情况来应用。职业核心能力可以分为三个部分：① 基础核心能力：职业沟通、团队合作、自我管理。② 拓展核心能力：解决问题、信息处理、创新创业。③ 延伸核心能力：领导力、执行力、个人与团队管理、礼仪训练、五常管理、心理平衡。

（二）硬技能

硬技能是指在某一专业或领域工作和研究时必须具备的能力。这些硬技能通常可以在求职者申请与自己所学专业有关的职位时起决定性作用。一般来说，硬技能包括熟练的外语能力、打字速度、机器操作技能等。根据所在领域的不同，硬技能也会有很大的不同。例如，对高职院校计算机专业的学生而言，精通一门计算机语言（如 C++、Java Script 等）就属于硬技能；对高职院校烹饪专业的学生而言，掌握精湛的刀工等基本功和不同菜系的烹饪技巧就属于硬技能。

所有的技能都需要通过学习、练习来提高。由于许多技能会随着社会发展的要求不断变化，因此每个人都需要不断地学习、练习，以掌握新的技能。

二、产教融合对高职学生就业能力的影响

（一）产教融合培养了学生的实践能力

高职学生在实际工作中所展现的能力就是他们的实践能力。在教学过程中，如果仅注重理论和学术教育，而不为学生提供足够的实践机会，学生的实践能力将无法得到提高。依靠企业提供的实习和实践机会，学生能够在实际工作中学习知识、增长见识并提高工作技能，实践能力自然也会增强。因此，高职院校应通过安排学生在企业工作、学习等方式来加深他们对本专业、本行业工作的认识，使他们在轮岗学习中了解企业的工作模式，不断培养并提高自身的实践能力。

（二）产教融合明确了学生的就业方向

通过调查研究发现，虽然很大一部分高职学生与用人单位之间存在双向互动，但在职业选择方面，高职学生自身定位不明确、职业心理准备不足的情况仍然存在，这明显影响了他们在就业过程中的选择。同时，很多高职学生的自主学习能力较弱，对专业知识的学习浮于表面。但是，在产教融合的帮助下，高职学生能够更好地了解自己的职业目标和职业方向，明确自己在工作中的岗位职责，同时通过在企业的实习锻炼，提高自主学习能力。

（三）产教融合促进了学生全面发展

产教融合要求高职院校注重提高学生的专业技能和实践能力。在产教融合背景下，校企合作不断加强，学生有了更多的进行实践学习的机会和平台，这不仅能够帮助学生形成良好的职业能力，提升学生在人才市

场中的竞争力，而且能够在德育建设、政治意识、价值观念方面给予学生积极的引导。同时，通过参与产教融合项目，学生的创新意识、创新能力、创业能力也能得到提高。

（四）产教融合让学生毕业即可从业成为现实

通过对高职学生产教融合培养模式的调查发现，目前我国高职院校实行产教融合的目的在于培养具有高技能的综合型、复合型人才，提升学生适应岗位的能力，缩短企业人力资源的培训周期。在产教融合过程中，很多高职院校将学校实践教学设置、专业课程授课计划制订等环节与企业的生产工艺、生产标准、岗位要求相融合，搭建学校—企业双向人才培养的育人体系和育人平台，围绕企业专业技术要求合理调整教学内容，以培养既有理论知识，又能够满足企业用工需求的人才。以前，企业在招聘高职毕业生后，往往需要花费两三个月的时间对其进行行业知识、企业文化、岗位职责、生产工艺等方面的培训，以使其满足企业用工标准，即企业要先投入时间成本和资金成本对高职院校毕业生进行岗前培训，而产教融合充分利用了校企合作的有利条件，通过安排在校学生到企业顶岗实习和邀请企业师傅来校教学等方式，提前对学生进行了相关培训，在一定程度上为企业节省了人力、物力和时间。

三、产教融合背景下高职学生就业能力存在的问题

（一）企业的服务意识不强，实习生供给端结构性矛盾依旧突出

产教融合是高职院校课程设置需要考虑的重要内容，每个学生都需要融入这个教学环节，由专门的教师带队将学生分配到不同的企业，参加

专业性的实习培训。并且，学生在实习过程中需要获取一定的学分，才能达到毕业的标准。但现实中，很多学生在被分配到不同的企业后，其就业能力未能得到实质性的提高，从而对企业实习产生不满，对在校期间到企业实习存在抵触情绪，这就导致了毕业生出现"学的用不上，用的没学过"的情况。相关调查显示，高职学生对在校期间到企业实习的总体满意度仅为 52.3 %。在参与调查的所有学生中，有 61.8% 的学生认为自己在学校所学的专业知识与企业对技术技能的要求相符，有 54.8 % 的学生认为在校期间到企业实习学到的技术很少，大部分都是重复、简单的操作，无法满足专业岗位的技术技能要求，这也是造成高职学生在校期间到企业实习满意度偏低的主要因素。总体来看，企业在产教融合中对学生实习重视不足，服务意识淡薄，实习生供给端结构性矛盾突出。

（二）实践教学与企业生产工艺脱节，学生的就业能力与现实岗位无法对接

从教师素质的角度来看，高职院校教师不仅要具备课程教学和专业建设的能力，还要具备企业工作经验和管理能力。但事实上，由于长期从事学校教育工作，很多教师缺乏与企业的互动，特别是对企业最新的技术发展和管理要求缺乏了解和认识；一些高职院校对教师实践教学技能的培训不够重视，导致学校实践课程很难真正与社会需求对接。从教学内容、实践课程的角度来看，目前高职院校开设的专业课程旨在培养适合大多数企业的通用型人才。对企业而言，这样的员工缺乏具有针对性的专业知识和实践技能，难以满足特定的岗位需求。从对企业负责人的调查情况来看，在参与调查的所有企业负责人中，认为学校的课程设置、知识架构符合岗位需求的占比为 58%，认为学校目前的课程所涉及的专

业知识泛而不专的占比达 62.3%。企业负责人普遍认为，高职院校的实践教学内容与学生的就业能力息息相关，契合岗位实际需求的实践教学对提升学生的技术水平、对接企业生产工艺具有重要的意义；大部分企业负责人认为，高职院校应当深入企业，了解岗位需求，结合实际开发课程，调整课程设置，使课程设置与企业生产标准、生产工艺互相融通。

（三）产教融合重形式轻实效，学生的专业技能亟须提升

无论是校企合作、工学结合，还是岗位设置、现代学徒制，其实质都应该是为学生搭建平台，拓宽渠道，让学生有更多的途径和时间去企业进行职场体验，提高专业应用技能。但是，在产教融合过程中，一些高职院校重形式轻实效，导致企业参与校企合作的积极性不高，企业无法深入参与高职院校人才培养过程，高职院校无法参与企业人员培训过程。此外，一些企业没有专门的实习培训场地和资金，其负责人也不愿意将先进的设施和设备用于学生培训；一些企业在与高校合作的时候仅愿意提供实习场所，或者只是为满足招工需求而选择与高职院校合作，并未真正投入时间、精力、财力来促成校企合作。同时，一些高职院校受办学条件、师资力量、实训设备等制约，办学质量不高，在校企合作过程中始终没有深入了解并满足企业用人需求，导致校企双方的人才培养目标不统一，由此形成恶性循环。

（四）忽视对学生就业价值观的引导，职业道德教育存在缺陷

正确的就业价值观是高职学生成功就业和未来职业生涯健康发展的重要保障。高职学生应该根据自身兴趣、能力和职业规划，选择适合自己的职业方向，不断提升自己的职业能力和素质，并积极投身到社会建设中，

实现自我价值和社会价值的双重提升。职业道德是从事一定职业的人们在职业活动中所应遵循的道德规范，以及与之相适应的道德观念、情操和品质的总和。对高职院校的学生来说，职业道德教育同样重要。因为无论专业技能如何出色，如果缺乏职业道德，就难以在工作中得到他人的信任和尊重，也难以取得长远的职业发展。

然而，高职院校在产教融合人才培养过程中往往不够重视对学生的就业价值观的引导和职业道德教育。从某种程度上来讲，高职院校更加注重对学生"硬技能"的培养，而忽视对学生的就业价值取向和职业认同的引导，导致职业道德教育存在缺陷。从学生的角度来看，上述问题的具体表现为：工作中缺乏忠诚度和诚信度，经常跳槽，并希望在一夜之间取得成功；在找工作的过程中不按时应聘，单方面毁约；在工作中责任心不强，团队合作能力较差；等等。

四、产教融合背景下高职学生就业能力提升新路径

（一）充分发挥政府职能，搭起校企共建立交桥

在产教融合背景下，各级政府部门应该充分发挥自身的引导职能，促进企业与高职院校之间的合作与交流，搭起校企共建立交桥。各级政府部门要建立企业公共服务机构，通过政策倾斜为高职院校提供较为先进的实训场所，并在资金方面为校企提供必要的支持。此外，各级政府部门还要加大校企合作宣传与引导力度，督促、指导企业积极开展校企对接活动，引导企业转变理念，根据自身定位和发展要求，提前进入高校参与育人，积极承担其在校企对接中的责任。政府要鼓励企业将校企合

作作为企业发展战略的一部分，为人才创造良好的工作和生活环境，使企业招收、留住和用好人才。同时，企业要根据自身发展情况提前谋划，定期、系统地加强与高职院校之间的人才需求信息沟通；广泛参与高职院校实践基地建设、专业设计和教学改革，真正形成校企互动发展的格局。

（二）完善产教融合模式，优化专业课程设置

产教融合在以往高校合作的基础上，进一步扩大了职业教育的广度和深度，具有更广泛的社会意义。因此，高职院校应将课程改革置于区域宏观发展的环境之中。这就要求高职院校根据社会市场的需求及企业岗位需求，完善产教融合人才培养模式，优化校内课程，凸显专业个性和特色。高职院校在设置课程时，要结合企业的需求，以及企业对专业能力、知识和实践的要求，鼓励学生于在校期间取得各种资格证书，建立相应的规范来促进学生学习，提高学校的专业设计质量。另外，高职院校还需要注重实践教学体系的不断完善，在培养学生的过程中，以企业的操作规范和岗位职能为标准来教学，利用企业的实训基地为学生提供实践操作的平台和机会，从而将就业培训任务明确纳入实习计划，并进一步优化实习培训的评估标准。

（三）校企双元融通发展，提升学生的专业技术能力

企业追求的是经济效益最大化，企业的各项经济活动都围绕提高经济效益这一目的进行。高职院校人才培养的目标是培养适应社会经济发展的复合型人才，校企双方应密切合作来实现这一人才培养目标。因此，高职院校与合作企业应统一人才培养目标，避免出现"高合作意愿、低合作质量"的现象。高职院校要通过合理的课程设置，培养学生的专业

理论素养，通过实训和校企合作，提升学生的实操技能。当前，企业并不是单纯的人才消费者，也承担着"用人""育人"的责任。在产教融合背景下，企业和高职院校应合作培养人才，在学生毕业前给学生充分的时间到企业参与技术技能培训、实训。一方面，高职院校应了解企业的发展需求和趋势、企业环境和文化，在此基础上与企业融通发展，从而增强学生适应工作的能力及培养学生的责任感。另一方面，企业应正确认识产教融合的重要意义，为高职院校人才培养提供资金、场所及人才支持，提升学生的专业技术能力。

（四）加强学生就业价值观教育，提升学生的品德修养

高职院校要充分利用《形势与政策》《思想道德修养与法律基础》等思想政治教育课程，挖掘思想政治元素，结合专业特点和当前就业形势，系统阐述习近平新时代中国特色社会主义思想。通过课程的专业指导，提高学生的就业意识和自我认知能力，引导学生树立正确的职业观，增强学生的心理承受力。同时，高职院校要根据社会发展的需要和学生个人的特点，着力加强和培养学生的职业生涯设计能力和素质。

高职院校应有效利用专业课程平台，使课程更贴近学生的职业选择，更符合学生的职业理想。高职院校应根据市场经济发展的需要，开设专业课程，创新教学内容，引导学生更新就业观念，提高品德修养。

高职院校应将《职业生涯规划与就业指导》课程设置为必修课。通过理论指导与实践指导相结合的方式，教会高职学生认识自我、了解环境、了解职业，形成科学的就业价值观。

（五）培养学生坚持自信自强，添彩职业生涯

劳动是一切财富的源泉，工作是一切发展的起点。职业教育就是这样一种传授人劳动技能和工作本领的教育，它是能够实实在在帮助人们就业、帮助家庭解困致富、帮助企业精益制造、助推产业升级的教育，助力国家富强、民族兴旺、社会进步，寄托着千百万个家庭的希望与梦想。

很多高职学生经过严格的、正规化的职业技术技能培养，已经能够适应职业岗位的工作要求，即将走向各自的岗位，开启个人的职业生涯，为国家、民族和社会贡献自己的才智和力量。高职学生应接受正规化的职业教育，学习技术技能，高职院校、教师和企业也一直在努力为学生创造更好、更有利的成长成才环境。从校园环境的美化，到学生宿舍的整修；从学生食堂饭菜质量的提升和价格的把控，到校企合作、工学结合、顶岗实习条件的改善；从教学和人才培养方案的精心设计，到每一门课程、每一次课堂教学内容与方法的改革，无处不体现着高职院校对学生的全面培养。高职院校在产教融合人才培养方面倾注了大量的心血，克服了诸多困难，做了大量富有成效的工作。在学生即将离开学校走向工作岗位开启职业生涯之际，高职院校需要从以下几个方面着手，培养学生坚持自信自强，为学生的职业生涯增添色彩：

第一，培养学生自信自强。发展是一个永恒的趋势，不断地变好是社会发展永恒的定律。随着国家和社会的发展，企业对职业人才的需求会越来越高，职业人才成长进步并发挥作用的空间、面临的压力也会越来越大。因此，高职学生要坚持自信自强，始终保持奋发有为、昂扬向上和艰苦奋斗的精神状态与精神追求，永远向着"更快、更高、更强"前进，永不懈怠，永不气馁，永不放弃。

第二，培养学生坚守"脚踏实地、务实肯干"的职业精神，这也是"职业人"应有的风采和面貌。广大高职学生要不求奢华，不慕虚荣；要立足本职，埋头苦干；要从点滴做起，甘于奉献，重在实绩，力求实效，任劳任怨，持之以恒。

第三，培养学生热爱学习，勤于钻研。随着科学技术的飞速发展，产业技术不断进步，知识技能加速更新，高职院校的毕业生需要在今后的实践中不断学习，勤于钻研，进一步充实自己，更新在学校学习的理论知识，并在实践中不断地补充拓展、强化提高在学校学到的技术技能。高职学生需要不断增强可持续发展能力，不断增强适应可能面临甚至必然会面临的职业岗位迁移的能力。高职院校要在产教融合人才培养的过程中，使学生学会适应社会、适应环境、适应形势，永不落伍，永不掉队，遵循职业人应该遵循的基本法则。

第四，培养学生具有较强的社会责任感和使命感，始终把为国家、为民族、为社会踏实工作、多做贡献作为职业生涯的第一追求。有人说，平庸的人有一条命：性命；优秀的人有两条命：性命和生命；卓越的人有三条命：性命、生命和使命。高职学生只有把个人的性命、生命融入为国家、为民族、为社会不断奋斗的使命中去，其性命和生命才会变得更加宝贵，更加有质量，生命的意义和价值才会有根本性的飞跃与提升。奋斗和追求的过程是很艰难、很劳累、很辛苦的，但对职业人来说，也应该是快乐的。

总之，校企合作、产教融合是推进高职院校教育改革和提高高职院校人才培养质量的重要举措。高职院校应通过产教融合为企业提供更有针对性的高素质复合型人才，以实现学校、学生和企业"三赢"。产教融合人才培养是一个需要长期探索的过程，其各种模式的利弊还需要通过实践来检验，并需要进一步发展完善。高职院校应在国家相关政策的指引下，不断深化产教融合，探索出适合自己的产教融合人才培养模式。

第五章 高职院校产教融合发展共同体的构建

　　产教融合是在政府推动和产业需求引导下，以提升学生综合素质为目标，将行业企业和教育教学相结合、课堂教学和生产实践相结合，多方主体共同参与提升人才培养质量的培养模式。产教融合活动涉及政府、企业、高校和行业协会等多方主体，各方主体的利益诉求、地位和影响力不尽相同，且多方利益交融，是社会多元主体合作的活动。产教融合还可以解读为一种理念，即各相关方面为了达到共同目标认可和遵循的理念。产教融合理念深化和发展，形成校企协同育人"共同体"，也就是本书所说的产教融合发展共同体。

　　本章主要分析了产教融合发展共同体促进高职人才就业创业的背景和意义，以"阳光直通车"为例，介绍了高职院校产教融合共同体的构建过程与成效。高职院校和企业通过更深层次的合作，实现融合发展，形成产教融合发展共同体，可以有效并高质量地促进高职学生就业创业，为解决高职学生就业创业难的现实问题和提高高职学生就业创业成效提供一个具有可行性的方案。

第一节　构建产教融合发展共同体的背景和意义

高职院校培养人才、供给人才，企业需要人才、运用人才。目前，校企双方存在人才供需错位的矛盾（主要是供给跟不上需求）。为解决人才供给与需求不匹配的问题，高职院校需要与企业构建产教融合发展共同体，树立共同的目标：共促高职学生就业创业，解决当代高职学生面临的就业难、创业难的现实问题，实现高职学生高质量就业，促进高职院校深化就业创业制度改革，使企业实现经济效益、社会效益两全。为此，本节将从以下两个角度出发，对高职院校构建产教融合发展共同体的背景进行说明，并阐述高职院校构建产教融合发展共同体的现实意义。

一、高职院校构建产教融合发展共同体的背景

（一）高职学生面临就业难的现实问题

1. 就业竞争压力大

当前，我国正处于经济结构改革调整的关键时期，经济发展速度放缓，经济发展质量逐渐提高。随着社会经济的不断发展，高职院校学生的就业面临着新的形势和挑战。当前，高职院校培养出的学生数量逐年增加，但与之相比的就业机会却相对较少，即找工作难。此外，对于包括高职院校毕业生在内的大量高校毕业生来说，就业难问题的关键并不仅仅是找工作难，还包括找到自己心仪的工作比较难。

2. 企业用人要求"高"

每年进行"校招"的企业虽然数量很多，但参与"校招"的企业数量仅占企业总数的一部分，"校招"的人数也只是该企业招聘总人数中比较小的一部分。很多企业更愿意招聘有工作经验的人员，因为他们能为企业节省培训和沟通成本，为企业的发展带来资源和优势经验，减少企业的试错成本，节省企业的资源等。就现实情况来看，多数高职学生在校学习期间，获得的实习机会较少，在就业之前鲜有工作经历。在我国经济转型和产业结构调整的背景下，新技术、新职业对高职学生提出了更高的要求，社会经验匮乏使很多高职学生较难得到企业的认同。由此也可以看出，高职院校毕业生所具备的条件与企业需求之间存在一定差距，同时也反映出高职院校对人才的培养与社会对人才的需求不匹配。

3. 就业观念出现"偏差"

由于在校期间未受到有效的教育与引导，部分高职院校毕业生的就业观念存在偏差。尽管教育部门早在 2008 年就提倡"所有普通高校开设职业发展与就业指导课程，并作为公共课纳入教学计划，贯穿学生从入学到毕业的整个培养过程"，并提出"建设一支相对稳定、专兼结合、高素质、专业化、职业化的师资队伍，是保证大学生职业发展与就业指导课程教学质量的关键"等课程教学要求，但就目前的情况来看，各高职院校对该门课程的重视程度仍不高，高职院校教师对学生职业生涯规划个体性指导的专业能力不足。这些因素都导致高职学生未能在在校期间确立阶段性和中长期职业目标，未能确定适合自己的发展道路，使他们在择业期间比较迷茫，出现"不知道应该做什么工作"的困惑。

就业竞争压力大和企业用人要求"高"是造成高职学生就业难问题的

外部因素，就业观念出现"偏差"是造成高职学生就业难问题的内部因素。除此之外，高职学生还面临着创业难的问题。

（二）高职学生面临创业难的现实问题

如今，创业俨然成为社会关注的话题，也成为推动社会进步和发展的动力之一，同时高职学生创业也被当作解决高职学生就业问题的一条有效途径。虽然高职学生创业覆盖面在不断扩大，但制约高职学生创业的因素依旧明显，其中主要的制约因素是资金缺乏和能力不足（缺乏实践技能、社会经验等）。

1. 缺乏创业资金

在创业初期，资金缺乏是高职学生面临的最突出的问题。高职学生获得创业资金的渠道一般有：家庭自筹资金、政策专项补贴、银行政策性贷款、创业风险投资资金等。由于家庭自筹资金受限于创业者的家庭背景，风险投资资金对市场成熟度要求较高，所以原则上政府专项补贴和银行政策性贷款是高职学生创业的主要资金来源。但从现实情况来看，家庭自筹资金却是目前高职学生创业最主要的资金来源。由于很多高职学生不了解风险投资、信贷的相关政策，缺乏相关的金融专业知识，融资意识与融资能力较弱，故而没有将银行政策性贷款作为获得资金的主要渠道。或者说，高职学生初创企业不容易获得贷款支持。此外，政府创业基金资助的比例低、受众面小，银行政策性创业资金贷款也存在条件限制，使得高职学生创业的融资渠道较为单一。因此，为了快速获得创业资金，谋求家庭支持或是向亲友筹借资金成为高职学生获取创业资金的主要方式。然而，由于家庭自筹的资金不足，部分高职学生初创企业的经营方向与规模受到较大的限制。

2.创业能力不足

近几年，为响应国家号召，高职院校对创新创业教育的重视程度越来越高，并通过举办各类创新创业赛事、开设创新创业教育相关课程等方式来提高高职学生的创业能力，但高职学生的创业能力仍不尽如人意，导致这种情况的原因主要有两个方面：一方面，高职院校创业教育课程不成熟，而且未融入高职院校整体的教学体系，与专业教育之间尚未建立有机联系；另一方面，高职院校现有的师资及创业教育理论比较薄弱，创业实践经验缺乏。高职学生在创业方面虽然有知识优势，但欠缺社会经验，无法进行科学的市场调研、制订周密的可行性计划，对风险和困难的预估能力也不足，因此其创业的成功率比较低。

二、高职院校构建产教融合发展共同体的现实意义

（一）使高职院校学生实现高质量就业

何为"高质量就业"？目前，国内外不同群体从不同角度对其进行了不同的解读，而从高职学生的角度来说，高质量就业应该包含以下几个要素：第一，在充分就业的基础上，个人的能力、兴趣与岗位需求贴合，即凭借所学知识与技能，能够基本应对岗位带来的挑战；第二，对工作内容、形式等满意度较高，可满足个人职业生涯发展的需要，离职概率低，就业稳定；第三，薪酬收入合理，能够维持比较理想的生活水平；第四，在就业岗位上的历练能为其创业积累一定的经验，有助于其创业；第五，个人就业能够服务于社会经济建设，个人就业目标与高职院校人才培养目标相匹配。

根据《国家职业教育改革实施方案》，国家职业教育改革要坚持以习近平新时代中国特色社会主义思想为指导，把职业教育摆在教育改革创新和经济社会发展中更加突出的位置。牢固树立新发展理念，服务建设现代化经济体系和实现更高质量更充分就业需要，对接科技发展趋势和市场需求，完善职业教育和培训体系，优化学校、专业布局，深化办学体制改革和育人机制改革，以促进就业和适应产业发展需求为导向，鼓励和支持社会各界特别是企业积极支持职业教育，着力培养高素质劳动者和技术技能人才。在经济新常态下，在加快转变经济发展方式的过程中同步推进就业转型，实现由数量扩张向质量提升转型成为高职院校毕业生就业面临的重大挑战。通过构建产教融合共同体，高职院校可以与地方政府、品牌企业等共建产业联盟、生产性实训基地，培养高技能应用型人才，深化产教融合，抢占就业高地；可以与优秀企业打造人才培养平台，优化就业服务，对毕业生就业创业情况进行跟踪调查、统计和分析，全面掌握毕业生就业创业情况，并采取有效措施，帮助困难学生实现就业；可以主动与企业合作，打造校企共建"双师型"教师队伍建设新模式，为提高学生的就业能力奠定坚实基础；等等。因此，构建产教融合发展共同体无疑是高职院校应对上述挑战的一种有效方式。

（二）深化高职院校就业创业制度改革

当前，我国高职院校毕业生就业制度体系具有多方面的优势，主要有：坚持就业优先的宏观政策，调动教育内外各方面力量促进高职毕业生就业；坚持把高职毕业生作为重要人才资源，支持和引导高职毕业生面向服务国家重大发展战略和基层一线就业，着力实现人才资源的合理配置；

坚持开展就业指导服务和困难帮扶，帮助高职学生实现更高质量更充分就业。

构建产教融合发展共同体有利于高职院校进一步发挥我国高职院校毕业生就业制度体系的优势，深化高职院校就业创业制度改革。具体来说，在当前我国经济社会发展的新形势下，构建产教融合发展共同体不仅有助于提高高职院校的教育教学质量，提升学生的实践能力和就业竞争力，也有利于推动产业升级，促进经济社会的持续发展。其具体作用如下：

其一，构建高职院校产教融合发展共同体有利于深化高职院校就业创业制度改革。通过与企业紧密合作，高职院校可以及时了解产业发展动态和行业人才需求，从而调整专业设置、课程体系和教学内容，使之更加贴近实际。此外，企业可以为学生提供实习实训、就业指导和岗位实践等机会，使学生在求学期间就能积累丰富的实践经验，为其毕业后顺利就业奠定基础。

其二，产教融合发展共同体的构建有助于促进高职院校教育质量的提升。企业与高职院校共同参与教育教学过程，将企业的实际需求与院校人才培养目标相结合，形成产学研一体化的高职教育模式。这种模式有利于培养学生的创新精神和实践能力，使其更好地适应社会发展和满足产业转型的需要。

其三，高职院校产教融合发展共同体有助于推动产业升级。企业与高职院校的合作可以促进技术研发、产品创新和人才培养等方面的资源共享，为产业发展提供有力支撑。此外，高职院校还可以为企业输送高素质技能人才，助力企业提高生产效率和产品质量，从而提升整体竞争力。

其四，构建高职院校产教融合发展共同体有利于实现经济社会的可持续发展。高职院校作为我国高等教育体系的重要组成部分，其发展水平直接关系到国家人才培养和科技创新的能力。通过产教融合发展，高职院校可以更好地为区域经济发展和产业结构转型提供人才支持，推动经济社会的协调发展。

通过产教融合发展共同体，高职院校可以将创新创业教育覆盖教育全过程，使企业师傅走进专业、走进课堂、走进项目、走进实践，积极培植就业创业沃土，帮助学生树立就业创业意识，培养就业创业精神，提高就业创业技能，为学生当下及未来的就业创业奠定基础。高职院校应秉承服务意识，服务行业和产业，通过技术改进和升级延长应用技术链，以丰富产教融合背景下就业创业教育的内容和形式，更好地体现就业创业教育的价值，进一步拓展高职院校就业创业教育的内涵与外延。

（三）使企业经济效益、社会效益两全

1. 经济效益

产教融合发展共同体对企业经济效益的提升有明显的影响。从现实来看，经济效益是企业发展的动力源泉。影响企业经济效益的因素有多方面的，其中人才因素是最核心的因素，企业的竞争力的实质是其所拥有的人力资源的素质与能力，以及企业吸纳人才的能力。企业在发展过程中，往往会遇到人才、技术等方面的问题，如果人才匮乏，轻则增加企业的运营成本，重则影响企业的生存。深化产教融合发展，形成产教融合发展共同体是企业人才开源的有效方式，因为企业可以按照自身需求"定制"人才，将人才培养节点提前，使高职院校与企业实现人才供给方面的无缝对接，最终实现高职学生毕业后直接上岗。在产教融合发展共同体中，高职学生通过学校和企业的专业培养，掌握专业技能和市场前沿技术，

这有助于企业同时解决人才和技术方面的问题，从而带动企业经济效益的提升。

2. 社会效益

2019 年 3 月，国家发展改革委、教育部联合印发《建设产教融合型企业实施办法（试行）》，对产教融合型企业进行了定义："产教融合型企业是指深度参与产教融合、校企合作，在职业院校、高等学校办学和深化改革中发挥重要主体作用，行为规范、成效显著，创造较大社会价值，对提升技术技能人才培养质量，增强吸引力和竞争力，具有较强带动引领示范效应的企业。"并列明产教融合型企业的建设培育条件（如表 5-1 所示）和建设实施程序（如表 5-2 所示）。2019 年 9 月，国家发展改革委、教育部、工业和信息化部等多部门联合印发了《国家产教融合建设试点实施方案》，按照统筹部署、协调推进，优化布局、区域协作，问题导向、改革先行，有序推进、力求实效的试点原则，部署了包括 18 个省、自治区、直辖市和 3 个计划单列市的首批国家产教融合型城市的试点建设、组织实施工作，并从政策上给予企业支持："完善政府投资、企业投资、债券融资、开发性金融等组合投融资和产业投资基金支持，对重大项目跟进协调服务，吸引企业等社会力量参与建设。以购买服务、委托管理、合作共建等方式，支持企业参与职业院校办学或举办职业院校。试点企业兴办职业教育符合条件的投资，按规定投资额 30% 的比例抵免当年应缴教育费附加和地方教育附加。试点企业深化产教融合取得显著成效的，按规定纳入产教融合型企业认证目录，并给予'金融＋财政＋土地＋信用'的组合式激励"。"允许符合条件的试点企业在岗职工以工学交替等方式接受高等职业教育，支持有条件的企业校企共招、联合培养专业学位研究生。以完善'双一流'建设评价为先导，探索建立体现产教融合发展导向的教育评价体系，支持各类院校积极服务、深度融入区域和产业发展，推进产教融合创新。对成效明显的地方和高校在招生计划安排、建设项目投资、学位（专业）点设置等方面予以倾斜支持"。这在一定程度上保障了产教融合型企业的社会效益。

表 5-1　产教融合型企业的建设培育条件

第二章　建设培育条件

第五条　在中国境内注册成立的企业，通过独资、合资、合作等方式，利用资本、技术、知识、设施、管理等要素，依法举办或参与举办职业教育、高等教育，在实训基地、学科专业、教学课程建设和技术研发等方面稳定开展校企合作，并具备以下条件之一。

1. 独立举办或作为重要举办者参与举办职业院校或高等学校；或者通过企业大学等形式，面向社会开展技术技能培训服务；或者参与组建行业性或区域性产教融合（职业教育）集团。

2. 承担现代学徒制和企业新型学徒制试点任务；或者近 3 年内接收职业院校或高等学校学生（含军队院校专业技术学员）开展每年 3 个月以上实习实训累计达 60 人以上。

3. 承担实施 1 + X 证书（学历证书 + 职业技能等级证书）制度试点任务。

4. 与有关职业院校或高等学校开展有实质内容、具体项目的校企合作，通过订单班等形式共建 3 个以上学科专业点。

5. 以校企合作等方式共建产教融合实训基地，或者捐赠职业院校教学设施设备等，近 3 年内累计投入 100 万元以上。

6. 近 3 年内取得与合作职业院校共享的知识产权证明（发明专利、实用新型专利、软件著作权等）。

第六条　重点建设培育主动推进制造业转型升级的优质企业，以及现代农业、智能制造、高端装备、新一代信息技术、生物医药、节能环保、新能源、新材料以及研发设计、数字创意、现代交通运输、高效物流、融资租赁、工程咨询、检验检测认证、电子商务、服务外包等急需产业领域企业，以及养老、家政、托幼、健康等社会领域龙头企业。优先考虑紧密服务国家重大战略，技术技能人才需求旺盛，主动加大人力资本投资，发展潜力大，履行社会责任贡献突出的企业。主营业务为教育培训服务的企业原则上不纳入建设培育范围。

第七条　企业无重大环保、安全、质量事故，具有良好信用记录，无涉税等违法违规经营行为。

表 5-2　产教融合型企业的建设实施程序

第三章　建设实施程序

第八条　产教融合型企业的建设实施由国家发展改革委、教育部会同相关部门结合开展国家产教融合建设试点统筹部署。

第九条　省级行政区域内的企业按照自愿申报、复核确认、建设培育、认证评价等程序开展产教融合型企业建设实施。

1. 自愿申报。省级发展改革、教育行政部门会同有关部门和有关城市人民政府，结合开展国家产教融合建设试点有关要求，组织辖区内符合建设培育条件的企业按照自愿申报并提交证明材料。省级发展改革、教育行政部门应建立产教融合型企业建设信息服务平台，实行网上申报、网上受理、网上办理。

2. 复核确认。省级发展改革、教育行政部门组织行业主管部门和行业组织等有关方面，对辖区内申报企业进行复核，符合条件的纳入建设培育范围，列入产教融合型企业建设信息储备库，向全社会公示。

3. 建设培育。国家发展改革委、教育部结合组织开展国家产教融合建设试点，指导各地开展产教融合型企业建设培育，鼓励支持企业多种方式参与举办教育，深度参与"引企入教"改革，推动学生到企业实习实训制度化、规范化，发挥企业办学重要主体作用，建立以企业为主体的协同创新和成果转化机制，提高企业职工在岗教育培训覆盖水平和质量。各地要有针对性地制定具体可操作的培育举措。建设培育企业要制订并向全社会公开发布产教融合、校企合作三年规划，并需经过至少1年的建设培育期。

4. 认证评价。在各地推进试点工作基础上，教育部、国家发展改革委研究制定产教融合型企业认证标准和评价办法，指导省级政府出台具体实施办法，建立产教融合型企业认证目录，对纳入产教融合型企业建设信息储备库的企业进行逐年、分批认证，并定期向全社会公布推介。支持开展产教融合型企业第三方评价。

第十条　中央企业、全国性特大型民营企业整体申报建设国家产教融合型企业，由国家发展改革委、教育部会同相关部门部署实施。上述企业的下属企业或分支机构建设产教融合型企业的，按照属地管理原则实施。

第二节　案例分析："阳光直通车"

本节以阳光学院设立的"阳光直通车"项目为例，介绍产教融合共同体的构建过程与成效。

阳光学院位于福建省福州市，是经教育部批准成立的民办全日制普通高等学校。2001年，阳光学院由国家"双一流"建设高校、国家"211工程"重点建设大学福州大学与阳光控股有限公司（以下简称阳光控股）共同创办，时名福州大学阳光学院；2015年经教育部批准，转设为独立设置的民办普通本科高校，并更名为阳光学院；2022年入选福建省一流应用型建设高校培育项目。阳光学院现已发展成为一所以经济学、管理学、工学为主体，涵盖人工智能学院、智能建造学院、工业互联网学院、经济管理学院、法学院、现代音乐学院、新媒体学院等十三个二级学院、四十二个本科专业、涵盖八个大学科门类的多科性大学，其专业设置与阳光控股旗下各产业板块的吻合度较高（如表5-3所示）。作为学校的创办方之一，阳光控股倾其资源与学校进行产教融合，形成发展共同体，打造"阳光直通车"，贯穿学生大学四年，通过分段、分层次的人才培养模式，实现了其旗下各产业板块与学校专业人才培养的精准对接，提升了学生的就业竞争力，实现了学生高质量就业。顾名思义，"阳光直通车"是指学生经过该工程的定向培养，毕业后直接到企业——阳光控股就业，从而实现高质量就业（以下以该学院第二届"阳光直通车"为例）。

表5-3　阳光学院专业与阳光控股产业匹配情况

阳光控股产业板块	产业主要匹配专业（类）	其他
龙净环保	土木类	财会类、管理类、法学等专业均可就业于各个产业板块
阳光教育	学前教育	
阳光城	土木类、市场营销	
阳光金融	金融学	
阳光物产	国际经济与贸易、商务英语、日语、电子商务	
阳光资本	人工智能类	

一、选才：按企业需求选拔人才（大一、大二阶段）

作为"世界500强"企业，阳光控股需要的人才，除了要具备专业技能外，还要具备较高的个人综合素质。表5-4、表5-5、表5-6为2019年阳光控股部分岗位的具体职责和任职要求。

表5-4　人力资源经理的岗位职责和任职要求

招聘职务：人力资源经理

岗位职责：

1. 组织制定公司人力资源发展的中、长期规划，并监督各项计划的实施工作。

2. 向公司高层决策者提供有关人力资源战略、组织建设等方面的建议，并致力于提高公司的管理水平。

3. 根据企业的战略发展，制定企业人力资源管理制度。

4. 对人力资源工作中各项数据进行统计和分析，及时处理公司管理中的重大人力资源问题。

5. 进行企业人才库建设及人才储备管理，保证企业所需各类人才及时到位。

6. 制订员工培训计划，确保满足企业发展对人才的需要。

7. 监督、检查分管下属员工的各项工作及计划的执行情况。

任职要求：

1. 全日制本科及以上学历；具有5年及以上人力资源管理经验，有大型企业人力资源管理经验者优先，有大型教育集团人力资源管理经验者优先。

2. 具备较强的领导和管理能力，执行力强，善于沟通。

3. 具有团队合作精神，品行端正。

4. 具有较强的计划协调能力及解决实际问题的能力。

表 5-5 期货风控高级专员 / 主管的岗位职责和任职要求

招聘职务： 期货风控高级专员 / 主管

岗位职责：

1. 负责审核期货账户的出入金。

2. 负责每日交易头寸的统计工作，并与内盘、外盘的期货、期权账单核对。

3. 盘中交易监控及风险提示，确保各项交易风险可控。

4. 协助风控部负责人进行制度建设及日常管理，包括但不限于：制定规则、交易管理流程及交易策略审核。

任职要求：

1. 全日制本科及以上学历，金融或财经、统计相关专业；具有 2 年以上期货公司、投资公司、贸易公司的期货、期权结算相关工作经验。

2. 对期货、期权有深刻的了解，熟悉国内外各期货交易所的交易规则及结算、交割等相关制度。

3. 有较强的数据处理能力，善于数据统计分析工作，能熟练运用各类统计工具。

4. 工作细致、认真，有较强的责任心和团队合作精神。

表 5-6 银行综合业务专员的岗位职责和任职要求

招聘职务： 银行综合业务专员

岗位职责：

1. 负责客户资料的收集、整理、归档及录入，协助前线人员进行财务分析等工作。

2. 协助前线人员处理客户查询。

3. 负责同客户经理和其他机构的日常联系工作。

4. 部门内部的日常接待工作、会议记录及其他辅助性工作。

5. 与行内其他部门的联系、协调、沟通工作。

6. 客户数据管理。

7. 市场信息收集。

8. 上级安排的其他工作。

职位要求：

1. 全日制本科及以上学历，金融学、财务管理、会计等相关专业。

2. 综合素质较好，积极主动，具有良好的沟通表达能力和协调能力。

3. 抗压能力强，热爱银行工作。

从以上三个岗位的具体职责和任职要求中我们可以提取到下列关键词：管理、沟通、表达、协调、团队合作等。由此可以看出，学生除了要进行专业学习外，还需要具备良好的综合素质，二者缺一不可。因此，在大一阶段，学校主要对全体学生进行社团培养，培养学生的基本素质；大二阶段，学校主要在各专业中，选拔综合素质较高的学生进行重点培养。

大一阶段——社团培养：全校一年级学生须根据兴趣、爱好、特长或自身需要在公益实践类、文化艺术类、体育竞技类、思想政治类、创新创业类、学术科技类等社团中选择并至少加入一个社团，在社团中培养综合素质。参加学校社团不仅可以锻炼学生的动手能力和团队协作能力，使他们自主地发挥、发展自身的特长和智慧，而且可以增强学生的团结意识和竞争意识。

大二阶段——成立"阳光领航社"：在全校二年级范围内，通过学生个人申请、院系推荐、社团推荐、学校面试等方式，选拔大约800名学生，成立"阳光领航社"。面试时，由阳光控股各产业板块的人力资源部门、学校相关职能部门的管理人员担任面试官，对学生的思想品德、言行举止、反应能力等综合素质进行全面考核，同时选拔出来的学生须来自各个专业。各院（部）结合学生的专业学习情况，围绕阳光文化核心理念（学生人手一本《阳光文化手册》）、演讲与口才、写作与阅读、逻辑与思维、审美与礼仪等方面设计培养计划，开展相关学习活动，每学期集中学习不少于6次（一年不少于12次），培养学生"志存高远、脚踏实地、自信阳光"的品质。

以商学院为例，通过选拔，180名学生进入了"阳光领航社"，学生每20人分为一个小组，共9个小组，每个小组配备1名导师；每3个小组为一个大组，配备1名负责人；导师从商学院的专职教师中招募，要求具备讲师及以上职称，硕士及以上学位，了解阳光文化的核心理念，具有良好的组织、协调、沟通能力等。各小组的学习培训活动由各导师组织；每一大组定期组织培养工作交流汇报，每学期不少于 1 次。具体培养计划如表 5-7 所示。

表 5-7　商学院"阳光领航社"培养计划

序号	培养内容	方式	次数	备注
1	阳光文化	小组集中讨论、学习，撰写心得，导师引导	3	学生人手一本《阳光文化手册》
2	大组分享	每小组选派 3 名学生谈谈对阳光文化的理解，与阳光控股人力资源部总监面对面交流	1	以沙龙的形式展开
3	演讲与口才	邀请校演讲队的同学亲临指导，现场演练	2	学习方式可自由组织，允许以素质拓展训练的方式展开
4	写作与阅读	导师推荐书籍，学生课上课下阅读，布置新闻稿	2	
5	逻辑与思维	视频学习、做逻辑题、现场反应练习等	2	
6	审美与礼仪	邀请酒店管理专业教师为学生指导	2	
7	总结与分享	组织每个大组进行总结与分享，评选出一、二、三等奖，并予以奖励	1	每个大组自行组织总结与分享，并形成材料

二、育才：以行业标准培养人才（大三阶段）

经过大一、大二阶段的培养，以"阳光领航社"为主，选拔 350～2400 名学生加入"阳光直通车"。选拔方式：通过学生个人申请、小组推荐、学校面试、阳光控股各产业板块人力资源部门面试等方式在"阳光领航社"中选拔 300～2350 名优秀学生，在其他学生中选拔少量的优秀学生（不超过 50 人）共同加入"阳光直通车"专班。选拔条件：志存高远，拥有敢于拼搏的精神；学习能力较强，成绩优良或有一技之长；在校期间积极参加各项活动；综合素质佳。最终，共有 363 名优秀学生加入了第二届"阳光直通车"专班。阳光控股各产业板块可根据自身需求，在面试时选拔符合条件的学生成立"产业专班"，"产业专班"隶属于"阳光直通车"专班，如"阳光城 & 阳光学院营销精英班"，由阳光控股旗下阳光城营销中心面试选拔 100 名学生，以市场营销专业学生为主，同时纳入其他专业优秀学生；"阳光城土木工程实验班"，主要在土木类专业中选拔优秀学生进行"3 + 1"培养。"阳光直通车"培养计划分为"阳光直通车"专班整体培养（专班学生均可参加）和产业专班培养（仅该产业专班学生参加）两个部分。

（一）"阳光直通车"专班整体培养

处于大三阶段的学生，须开始了解并掌握求职技能，所以学校面向"阳光直通车"专班全体学生开设求职技能课程（如表5-8所示），学生须完成不少于 5 门 I 类课程、不少于 1 门 II 类课程，结业后颁发"阳光直通车结业证书"。

表 5-8　"阳光直通车"专班求职技能培养计划

序号	培养计划内容	类型
1	第二届"阳光直通车"项目宣讲会暨阳光控股各板块企业暑期实习分享会	I
2	简历制作技巧讲座	I
3	面试技巧讲座	I
4	职场形象与礼仪讲座	I
5	简历制作大赛	II
6	职业生涯规划指导讲座	I
7	写作能力提升技巧培训	I
8	参观走访阳光城	II
9	办公软件应用培训	I
10	参观走访阳光城物业	II
11	大学生职业生涯规划大赛	II
12	毕业生就业心理准备与心理素质培养	I
13	阳光城面试技巧指导讲座	I
14	暑假实习	II

课程结束后，根据阳光控股各产业板块的实习需求（含人数、专业和综合素质需求等）推荐顺利结业的学生实习。2018 年暑期，学校共推荐百余名学生进入各板块实习，学生实习收获颇丰，以下是学生的实习分享。

2015 级财务管理专业的黄同学：在"阳光"实习之初，部门经理就给我安排了导师，从导师的耐心指导到同事轮流带我参加实务工作，在这个过程中，导师和同事会无私地和我分享工作经验，分析工作中遇到的问题，哪怕我做错了，得到的也是更加耐心的指导。在实习结束后，部门经理还送给我一本印着阳光控股 Logo 的笔记本留念。在我生日当天，导师送给我一本书作为礼物。从实习开始至今，我始终能感受到温暖。在"阳光"，我接触到了更加广阔的世界。阳光控股是一个全球化、多元化的平台，出于完成部门业务的需要，我有幸跟随同事与不同的单位进行业务交流，并在这个过程中更好地了解到不同企业的文化，开阔了自己的视野，同时也确定了自己未来的就业方向。

2015 级会计学 2 班的柯同学：我很庆幸我可以跟随差别如此之大的两个姐姐学习："稳重"的琳姐教会了我做事不拖泥带水，看事情要考虑全面，能一次搞定的绝不跑两趟；"心细"的财务姐姐告诉我，做财务工作，每天都需要直接或者间接地面对各种各样的数字，细心是特别重要的，更要合理安排时间，切忌因自己而耽误他人的工作。

（二）产业专班培养——以"营销精英班"为例

"营销精英班"是阳光城营销中心与阳光学院为培养营销人才组建的产业专班，其目的是强化产教融合的人才培养方案，加强阳光城与阳光学院的校企合作，从源头培养更具有"阳光"文化基因、高度敬业、懂业务、讲情怀的"阳光"人才，强化"造血功能"，源源不断地向企业输送优质新生力量。

校企双方经过协商，决定采用"企业课程 + 求职技能课程 + 企业实习"的方式定向培养企业需要的人才，由阳光城制订企业课程与实习活动的培养流程（表 5-9）、选派导师授课（表 5-10）、进行教学管理等，并制定与之匹配的考核方案：随堂考核成绩占比 20%，上岗演练成绩占比 40%（由项目营销经理评分），结业答辩成绩占比 40%，课程结束后给考试合格的学生颁发阳光城营销管理培训结业证书。为了激励学生，该专班还设置了奖学金制度。

表 5-9　营销精英班培养流程

阶段	地产营销课程培训	上岗演练	结业答辩	结业	招聘及留任
时间	11 月—次年 4 月	次年 6—8 月	次年 9 月	次年 9 月	次年 9 月之后
对象	营销精英班	营销精英班	营销精英班	营销精英班	已结业学生
内容	安排地产营销课程及阳光文化课	学生在营销部门进行实操训练	营销精英班结业答辩	综合三次考核成绩，授予结业学生《阳光城营销管理培训结业证书》	前 10% 的学生可提前拿到 offer，其余学生择优直接进入"秋招"终面阶段

表 5-10　营销精英班授课安排

课程类别	课程内容	课程名称
阳光城通识课程（2 课时）	阳光城通识课程	阳光城企业发展历程及企业文化
		阳光城产品与户型推介
房地产各职能通识课程（8 课时）		实地参观福州区域公司檀境项目
	地产工程管理	工程管理体系解读
	地产投资管理	房地产投资拓展
	地产运营管理	房地产开发全流程介绍
	地产财务管理	房地产开发中基础财务管理知识

课程类别	课程内容	课程名称
营销管理各专业培训（22课时）	市场研究	市场研究入门
	策划基础	房地产策划推广分享
	渠道拓展	客户拓展核心策略及战术
	销售能力	销冠面对面
	谈判能力	销售谈判技巧
	销支管理	销支工作解析——助攻手＆守门员
	品牌公关	阳光城品牌分享＆如何做好项目定位
	营销管理	如何成为优秀的房地产营销人

以上课程结束后，在线安排课程考试，考试形式为"问卷星"在线考试，通过电脑端口作答；考试题型为：单选题（10题，共20分）、判断题（5题，共10分）、简答题（5题，共50分）、综合题（1题，20分）。在理论课程及其考试结束后，要求学生针对授课的形式和内容进行课程评价，以下是学生给出的评价。

市场营销专业曹同学：营销精英班的课程不同于学校的课程。通过一个学期的学习，我了解到许多房地产行业相关知识。与授课内容相比，我认为更具有价值的是老师所传授我们的方法和思想，这些方法在我看来是各个行业通用的。我在大三就能够提前学到他人在社会上工作多年才能得出的经验，可以说是赢在了起跑线上。平时，老师在课堂上的工作分享也让我提前了解了我所感兴趣的行业，对我未来的就业有很大的帮助。

电子信息工程专业陈同学：作为营销班同学，通过这一学期的课程学习，我收获颇多。我不仅学习了房地产方面的知识，还掌握了基本的销售技能。在学习过程中，来自阳光城营销中心的骨干精英们，将业务知识通过一个个鲜活的案例讲给我们听，也跟我们分享了他们精彩的实战经历。无论是课上还是在课后，老师们都保持与我们互动交流，不断地加深我们对所学知识的印象。我很期待学习结束后的实习上岗，希望能够在实践中检验自己。

考试结束即意味着营销精英班理论授课环节结束，下一环节为上岗演练。阳光城营销中心挑选了以福州、厦门区域为主的 10 个项目，安排有意向继续接受培养的 70 名学生进行为期近三个月的上岗演练，由每个项目营销经理负责对其进行管理与培养，并指定导师对学生进行一对一的业务指导，同时进行相应的业务量考核。

三、用才：实现学生高质量就业、创业（大四阶段）

经过前三年的选拔、培养，在大四阶段，学校将"阳光直通车"专班中的优秀学生输送至合作企业——阳光控股，从而实现学生高质量就业、创业。

（一）"定制"的"产业专班"学生如期就业

最终，经过结业答辩，综合学生考核情况，营销精英班中有 7 名学生直接提前被企业聘用，成为阳光城营销"光之子"，其余表现优秀的 25 名学生直接进入"秋招"终面阶段，大幅缩短了校招的流程。

（二）专班学生通过阳光控股专场招聘入职企业

阳光控股旗下各产业板块联合召开的秋季专场校园招聘会，以及各板块单独组织的校园招聘会，面向"阳光直通车"专班学生进行招聘、录用。

2019 年，经过 7 场专项招聘会，该校共有 96 名学生被阳光控股各产业板块录用，其分布情况如表 5-11 所示。

表5-11　2019年阳光控股各板块录用"阳光直通车"专班学生人数

阳光控股产业板块	录用人数	主要就职方向
阳光城	69	阳光城："光之子"、阳光城物业、建筑板块等 阳光教育：福州阳光国际学校、阳光教育集团等 阳光资本：福建星网锐捷通讯股份有限公司
阳光教育	16	
阳光金融	5	
阳光资本	4	
龙净环保	2	

通过"阳光直通车"专班的培养，该校被阳光控股录用的学生数量逐年增加，实现了学校到企业的人才精准推送。学生经过在校四年的提前培养，认同阳光文化，一上岗即能融入岗位，大大减少了入职之后的培养时间，同时也降低了企业的培养成本。

（三）实验班学生通过阳光城合伙人计划实现创业

为培养独立自主运营项目的合伙人、阳光城的战略合作伙伴、具有独立法人资格的青年建筑企业家，阳光城面向阳光城土木工程实验班优秀毕业生、"阳光直通车"专班中财会类专业的优秀毕业生开启了"未来企业家暨百名项目合伙人"计划，从中选拔自主创业意识强烈，愿与企业共同进步、发展，具备"敢想、敢做、勇于担当"的企业家精神，具有一定经济实力，能提供30万～2300万元不等的项目股本金（其中10万元为学校提供的免息创业基金）的"未来企业家"，并为他们量身定制了培养计划。

整个项目的人才培养过程如下：

（1）双方共同选拔具有合伙人潜质的学生，使其参与阳光城土木工程实验班"3＋1"培养计划，并持续跟踪合伙人的成长情况。

（2）阳光城在主要承建地产项目中为合伙人匹配适宜的项目，搭建优质资源库平台。

（3）阳光城对见习合伙人进行准入评估，通过者可出资参投项目，正式成为参股合伙人。

（4）阳光城甄选成熟可靠的合伙人及经验丰富的项目经理作为见习合伙人导师，培养其专业技能和企业家精神，并依托现有成熟管理体系，结合实际进行全程辅导，使见习合伙人快速成长。

（5）阳光城对见习合伙人进行前期支持：组织投标、组建管理团队、项目运营过程测算、项目经营责任状签订；过程协助：监督项目运营，协助与地产沟通，协助项目结算及关账等；进行完工复盘：对完工项目开展复盘、评估工作，并对见习合伙人进行评价。

因学生社会经验较少，承担风险的能力较弱，为保障学生利益，阳光城与学校双方协商制定了相应的保障机制。经过层层的选拔和考核，最终在阳光城土木工程实验班中选拔了三位"未来企业家"，学校审批并给予这三位"未来企业家"10万元免息创业基金。

另外，未进入阳光控股就业的"阳光直通车"专班的学生中，有80%因有着较高的综合素质，就业于龙湖集团、福建东百集团、中国建设银行等知名企业，或考入党政机关单位。通过第三方数据调查公司针对"阳光直通车"专班363人所在用人单位的调研数据和该校2019届毕业生就业质量报告，可以看出用人单位对该校"阳光直通车"专班培养出来的毕业生的满意度和就业竞争力的评价都相对较高。

综上所述，阳光学院与阳光控股的产教融合人才培养实践——构建"阳光直通车"取得了显著的成效。高职院校可以借鉴"阳光直通车"的产教融合人才培养模式，结合自身实际，与企业深入合作，构建产教融合发展共同体，为学生就业创业提供机会、搭建平台，使学生切实掌握就业、创业所需要的理论知识与实践技能，帮助学生科学应对就业难和创业难的问题，促进学生高质量就业。

第三节　校企共促：提高高职学生就业创业成效

在产教融合发展共同体的人才培养模式下，学校和企业可以通过共同制定人才培养方案、共享师资、共建课程、联手参加创业赛事等，将行业前沿知识引入课程教学内容，将学生提早带入实践应用场景，有效激发学生的创新创业意识，提升学生的创新创业能力，从而以创业带动就业，解决学生自身和他人的就业问题，促进学生更充分地就业。

对高职院校而言，毕业生充分就业，以及高质量就业、创业等均能提升其社会正面影响力和美誉度，有利于其吸引充足且高质量的生源，从而促进其产教融合人才培养工作的高质量发展，进而提高其综合竞争力，使其实现持续、快速、健康发展。综合而言，即"以就业促招生，以招生促发展"。对企业而言，人才是其发展的核心，产教深度融合能够助其创新人才培养模式，满足其对高质量人才的需求，决定了其发展的持久性。为此，高职院校应与企业深度合作，围绕"以创业促就业"开展创业教育，构建产教融合发展共同体，以提高学生就业创业成效。

本节首先对创业教育的概念与内涵进行介绍，然后分析高职院校开展创业教育的必要性，最后简要阐述高职院校产教融合共同体的建设成效。

一、创业教育的概念与内涵

1989 年，联合国教科文组织在北京召开的"面向 21 世纪教育国际研讨会"上，首次提出了创业教育的概念。创业教育被联合国教科文组织称为教育的"第三本护照"，被赋予了与学术教育、职业教育同等重要的地位。创业教育的特性表现在以下几个方面：

（1）创业教育不是一个独立的教育体系，而是对传统的适应性教育、守成性教育、专业性教育的改造、延伸和提升。

（2）创业教育是基础教育、职业教育和继续教育三大教育体系的交叉整合。

（3）创业教育是知识教育、能力教育和情感教育的整合。

（4）创业教育是一种理念，是培养人的创业意识、创业思维、创业技能等各种创业综合素质，并最终使被教育者具有一定的创业能力的教育。

（一）创业教育的概念

什么是创业教育？联合国教科文组织是这样定义创业教育的：创业教育，从广义上来说是培养具有开创性的个人，它对于拿薪水的人同样重要，因为用人机构或个人除了要求受雇者在事业上有所成就外，还越来越重视受雇者的首创、冒险精神，创业和独立工作能力，以及技术、社交、管理技能。

美国创业教育交流中心（CELCEE）是这样定义创业教育的：创业教育是指使人们通过运用概念和技能来辨别容易被他人忽略的机会，培养自己的洞察力、自我评估能力和知识技能，使自己在他人犹豫不决时果断地行动的过程。在美国，创业教育也被称为企业家教育，包括机会辨识、面对冒险时的资源调度，以及进行商业冒险等诸方面的教育，也包括商业管理运作过程中的教育。因此，创业教育也是一种素质教育。

目前，研究者对创业教育的定义因研究对象和研究目的的不同而存在一定的差异，总体来说，主要可以归结为以下两类：

（1）"人才说"：以培养创业者为导向，认为创业教育的目的就是培养能够创造工作岗位的人，即自主创业。

（2）"素质说"：以培养企业家精神为依归，认为创业教育是为了培养创业者的素质，特别是创业精神和创业能力，从而使其更好地适应工作的要求，即岗位创业。

综上所述，本书认为高职院校创业教育的概念是：通过高职院校课程体系、教学内容、教学方法的改革，以及第二课堂活动的开展，以开发和提高学生的创业基本素质为目标，培养具有开创性的人才的教育思想和教育实践。创业教育使受教育者不断增强创业意识、创业精神和创业能力，并将其内化成自身的素质，以催生时机成熟条件下的创业人才，为未来社会的经济发展发挥个体与群体的主动性和创造性。从本质上说，高职院校创业教育是指培养学生的创业意识、创业素质、创业技能的教育活动，即培养学生如何适应社会生存，提高能力，以及进行自我创业的方法和途径。

（二）创业教育的内涵

创业教育要求学生具备自主、自信、勤奋、坚毅、果敢、诚信等品格与创新精神，要求学校培养未来创业者与领导者的成就动机、开拓精神、分析问题与解决问题的能力。创业教育的宗旨在于培养学生的创业技能与开拓精神，因此，创业教育的内涵包括以下几个方面：

（1）通过创业教育将创业者的创业经验、创业知识和创业技能，以及他们对创业的理解传递给学生。

（2）通过对学生进行创业教育，将创业精神内化为学生的精神气质，使创业成为学生的一种生活方式和思维方式。

（3）通过创业教育，培养学生的创业素质和企业家精神。不管学生将来是否自创企业，他们都会因为拥有这种精神气质而更具有开拓性、创新性和进取性。

二、高职院校开展创业教育的必要性

（一）开展创业教育是创新型国家建设的迫切需要

加强知识创新和技术创新，发展高科技，实现产业化，是解决我国经济发展面临的深层次的问题，提高国民经济水平和综合实力，实现跨越式发展的紧迫要求，也是我国应对国际竞争，确保中华民族在新世纪立于不败之地的战略抉择。随着全球经济的发展，创新型国家建设的需求日益迫切。为了提高国家的创新能力和竞争力，许多国家将创业教育视为国家战略的重要组成部分。我国也深知创业教育的重要性，并将其作为推动创新型国家建设的关键举措。

第一，创新型国家建设的核心是提高国民的创新意识和创新能力。创业教育作为一种培养创新人才的有效途径，有助于激发人们的创新潜能。创业教育可以培养具有创新精神、敢于挑战、善于解决问题的优秀人才，为创新型国家建设提供源源不断的人力资源。创业教育有助于推动科技成果的转化与应用。

第二，创新型国家建设需要将高校、科研机构的科技成果迅速转化为现实生产力。创业教育可以提高人才的创新能力和创业素质，使他们能够在实践中将科技成果转化为实际产品和服务，推动产业升级和发展。

第三，创业教育是培育新兴产业和壮大市场主体的关键因素。创新型国家建设需要不断涌现出新产业、新企业，以推动经济增长。创业教育可以激发人们的创业热情，培育一批具有创新能力的企业家，为新兴产业的发展注入活力。

第四，开展创业教育有助于营造有利于创新的政策环境。政府需要制定一系列政策，为创新型国家建设提供有力支持。创业教育可以提高政策制定者和执行者的创新能力，使他们能够更好地推动政策实施，为创新型国家建设提供有力保障。此外，创业教育可以提高人才的国际视野和竞争力，促进国内外创新资源的整合。通过加强国际合作与交流，我们可以吸收国外先进的创新理念和经验，为我国创新型国家建设提供有力支持。

总之，建设创新型国家的首要途径是在全社会培育创新精神，关键是使企业成为创新主体，核心要素是造就大批创新型人才。而创新精神的培养、企业创新主体地位的确立、创新型人才的造就，在很大程度上都依赖于创业教育，这是时代和现实的必然要求。高职院校作为培养技术技能人才的主要场所和重要主体，应当开展创业教育，与企业深入合作，培养学生的创业意识和创业能力，为创新型国家建设提供一定的人才和技术支持。

（二）开展创业教育是世界经济一体化发展的需要

伴随知识经济时代的来临而萌发的创业教育，正在随着知识经济的发展成为全球高等教育发展和改革的新趋势，并且已经延伸到职业教育和基础教育领域，可以说创业教育有着举足轻重的地位。一方面，创业教育从学生的实际出发，根据经济社会的发展变化，通过各种教育手段，提高学生发现问题、分析问题和解决问题的能力；另一方面，创业教育特别强调培养学生的自我意识、参与意识和实干精神，强调使学生掌握创业技能，以便学生在社会生活中灵活地进行创业活动。

在经济全球化的大背景下，世界各国之间的交流合作日益紧密，高职院校开展创业教育已成为适应这一发展趋势的必然选择。我国作为世界第二大经济体，无论在经济、政治还是文化等层面都呈现出高度的国际化特征。同时，我国已建成世界上规模最大的职业教育体系，职业教育前途广阔、大有可为。高职院校作为实施职业教育的重要主体，应当充分发挥引领作用，推动教育结构的战略性调整、深化内涵建设、拓展继续教育的多元化功能、促进终身教育体系建设。高职院校加强创业教育，不仅有助于提高人才培养质量，提升国家整体竞争力，还能为世界经济一体化发展贡献源源不断的人才资源。

第一，高职院校开展创业教育有助于促进教育公平。在我国，高职院校的招生对象主要为中等职业教育毕业生，他们来自不同地区，具有不同家庭背景，开展创业教育能够为他们提供平等的发展机会，使他们在完成学业的同时，具备创新创业的能力，进而实现人生价值。

第二，高职院校开展创业教育有助于提高人才培养质量。当前，我国高职教育正逐渐从规模扩张转向内涵发展，强调以就业为导向，注重学生实践能力和创新精神的培养，而创业教育是提高学生实践能力和创新精神的重要途径，有助于培养出更多具备竞争力的应用型、技能型人才。

第三，高职院校开展创业教育有助于推动经济社会发展。高职院校毕业生是我国劳动力市场的一支重要力量，他们具备创业意识和能力，能够在各行各业发挥创新引领作用，推动产业升级，为社会创造更多财富。

第四，高职院校开展创业教育有助于提升国家整体竞争力。在全球经济一体化进程中，国家之间的竞争归根到底是人才的竞争。高职院校作为我国人才培养的重要基地，有责任也有能力为国家输送大量具备创新创业精神的优秀人才，助力国家在世界舞台上脱颖而出。

（三）开展创业教育是促进学生个人发展的必然选择

现代社会对高职院校毕业生的要求越来越高，不仅需要大批知识扎实、能力强、心理素质高、具有开拓创新能力的高级专门人才，还需要一批能够创造就业机会的人才。高职学生也更加关注自身的个性化发展，越来越多的学生以创业为目标，追求最大限度的个性发展，以实现自身价值。此外，面对激烈的就业竞争压力，不少高职学生在掌握基本技能的同时也迫切希望学习一定的创业知识，掌握一定的创业技能，这就要求高职院校通过开展创业教育，开发和提高学生的基本创业素质，培养和提高学生的生存能力、竞争能力和创业能力。

三、高职院校产教融合共同体的建设成效

（一）"催化"学生自主创业

1. 以学引创——通过"产教融合发展共同体"模式下的学习引导学生创业

在产教融合发展共同体模式下，一些高职院校聘请了一定数量的企业导师全面参与学校的人才培养工作。这些企业导师或是企业的资深管理者，或是企业的资深技术人员，他们从企业、行业的视角举办讲座或承

担课程教学任务，将最前沿的行业发展情况带进专业、带进课堂、带进教材，与学校的创业就业需求对接，使教学过程与企业生产过程实时互动，能够有效激发学生创新创业的意识，拓展学生创新创业的能力。产教融合使专业实践教学环节可设立在企业真实的生产环境中，为高职院校在校学生提供了大量的进入企业实习的机会，让学生在学中做，在做中学，从而拥有真实的工作经历。在产教融合发展共同体模式下，学生可以直接参与企业项目的开发、管理、运作等各个环节，在企业导师的带领和指导下，尽快地适应企业的实际生产环境，并在实践过程中不断提高实际工作能力。在产教融合发展共同体模式下，企业的生产环节与学校的教学环节有机结合，使学生能够直观地了解行业、企业发展的最新动态，为未来创业储备专业知识，使学生站在离创新创业最近的地方。

2. 以赛促创——通过"产教融合发展共同体"模式下的赛事促进学生创业

2015年5月，国务院办公厅印发了《关于深化高等学校创新创业教育改革的实施意见》，要求办好全国职业院校技能大赛，支持举办各类科技创新、创意设计、创业计划等专题竞赛。在相关政策文件的倡导、指引下，各高职院校鼓励学生参加各类国家级、省级创新创业大赛、学科竞赛，如中国"互联网+"大学生创新创业大赛、国家大学生创新创业训练计划项目等；企业为学生参加各类职业技能赛事提供人力、物力等支持，如派遣企业导师，将企业生产、研发中遇到的问题进行立项，与学生、专业教师联合申报大学生创新创业训练计划项目（大学生创新创业训练计划旨在通过强化学生创新创业能力训练，增强学生的创新能力和在创新基础上的创业能力）；学生则在企业导师和专业导师的指导下运用专业知识研究、解决实际问题。如果申报的大学生创新创业训练计划项目结题验收考核结果为优秀，企业导师与专业导师可继续指导学生参加创新创业大赛或学科竞赛。在竞赛活动中，学生的学习兴趣和克服困难的毅力得到增强，学习积极性也得到充分发挥，这都有利于学生创新创业能力的培养，也有利于促进学生自主创业。

3. 以创带就——通过"产教融合发展共同体"模式带动更多本校学生就业

2017年4月，国务院印发《关于做好当前和今后一段时期就业创业工作的意见》，明确提出要促进以创业带动就业；2018年9月，国务院印发《关于推动创新创业高质量发展 打造"双创"升级版的意见》，明确提出要持续推进创业带动就业能力升级，培育更多充满活力、持续稳定经营的市场主体，直接创造更多就业岗位，带动关联产业就业岗位增加，促进就业机会公平和社会纵向流动，实现创新、创业、就业的良性循环。创业带动就业的最大特点就是要形成"一人创造一批岗位"的就业模式。通过创业，高职学生可以在解决自身就业问题的同时创造更多的就业岗位，形成"一人创造一批岗位"的就业模式，并将这些就业岗位提供给其他就业者（包括本校学生），将自我价值与社会价值统一起来，缓解本校学生乃至社会的就业压力。

（二）保障高职院校可持续发展

保证人才培养质量是高职院校发展的核心，而毕业生就业率是检验高职院校人才培养质量的重要指标。近几年，产教融合发展共同体已成为各高职院校提升人才培养质量的重要载体之一，在产教融合共同发展育人模式下，高职院校毕业生就业成效显著，就业率、专业对口率、薪酬水平、就业满意度、自身职业期待吻合度、用人单位对毕业生的评价等也逐年提升。同时，毕业生的高就业率与高质量就业提升了高职院校的社会影响力和知名度，各主流媒体积极报道高职院校的就业教育成效，从而为高职院校吸引了更多的高质量生源，高职院校的招生报到率与招生质量也随之提升。

很多高职院校坚持育人为本、特色办学，深化产教融合，依托产教融合发展共同体，不断增强人才供给的适应性和灵活性，提高自身的综合竞争力，服务于区域经济发展，在激烈的办学竞争中赢得主动权，实现了持续、快速、健康发展。

（三）创新企业人才培养战略

人才是我国经济社会发展的第一资源，是企业发展的核心，决定了企业发展的持久性。信息化加速了人才流动，故而企业吸引、激励和留住人才的成本也越来越高。企业若要谋求长远发展，就需要不断思考自己的人才战略。企业人才战略重点包含两个部分：第一是"质"，即人才质量——人才的能力要达到的水平，与企业所处的行业和市场竞争环境相关；第二是"量"，即人才数量——企业需要的人才数量，与企业的业务发展情况相关。根据人才质量与数量的匹配关系，可以将企业人才战略分为六种类型：

（1）掠夺型战略。既追求人才数量，又追求人才质量。

（2）精英型战略。追求人才质量，但不追求人才数量。

（3）规模型战略。追求人才数量，但不追求人才质量。

（4）收缩型战略。对人才数量和人才质量的要求都较低。

（5）稳健型战略。对人才数量和人才质量都保持中等的要求。

（6）混合型战略。这是大多数企业所采用的一种人才策略。

而今，在产教融合不断深化的背景下，校企合作日益加强。一些企业为了找到能够更好满足自身人才需求的校企合作模式，选择与高职院校合作，共建产教融合发展共同体，并在此过程中不断创新，制定了更加科学的人才培养战略（我们称之为"定制型战略"）。这种战略既保障了人才数量，也保障了人才质量，同时将人才队伍培养的时间提前1~2年，在很大程度上节约了企业的用人成本。在这种战略下，企业可提前布局，调整人才培养方向，盘点、筛选和评估现有人才，确定下一步符合企业战略目标的人才要求，形成人才地图，全面提升人才培养的针对性和适用性，缩短人才培养周期，使自己对高质量人力资源的要求得到满足，将企业人才培养推向一个更高的层次与水平，进而提升企业发展的质量与速度。在现代化经济体系中，企业已不再是单纯的产品生产者和服务提供者，而是技术创新和技能人才的重要需求者和孵化者。对企业而言，深化产教融合，构建产教融合发展共同体，既是其与高职院校深入合作的一种方式，也是其培育市场创新主体、打造产业核心竞争力的内在需求。

参考文献

[1] 王凤领. 地方本科高校产教融合应用型人才培养研究 [M]. 北京：中国水利水电出版社，2020.

[2] 乔海曙，路华，池灵达，等. 产教发展共同体：应用型人才培养模式 [M]. 北京：中国社会科学出版社，2021.

[3] 刘英霞. 服务学生发展 成就出彩人生：高职教育学生发展性教学评价理论研究与实践 [M]. 北京：中国纺织出版社，2020.

[4] 卢立红. 新时代高职院校产教融合策略与实践研究 [M]. 北京：北京工业大学出版社，2021.

[5] 蒋新革，等. 新时代高职产教融合路径研究：以"入园建设、育训结合"为特征的产业学院育人模式研究 [M]. 广州：中山大学出版社，2021.

[6] 蒋新革. 新时代高职产教融合路径的探索与实践 [J]. 职教论坛，2020（01）：123-127.

[7] 蒋新革. 产教融合视域下产业学院治理体系建设研究 [J]. 职业技术教育，2020（24）：30-34.

[8] 李丹. 产教融合背景下"双师型"师资队伍建设研究 [J]. 前沿，2018（05）：39-45.

[9] 张连绪，韩娟. 产教融合背景下高职院校产业学院的建设路径 [J].

广州城市职业学院学报，2019（13）：1-4.

[10]赵薇．产教融合校企合作背景下高职院校"双师型"师资队伍建设的研究[J]．人力资源管理，2019（12）：99-100.

[11]黄彬，姚宇华．新工科现代产业学院：逻辑与路径[J]．高等工程教育研究，2019（06）：37-43.

[12]李海东，黄文伟．粤港澳大湾区视阈下区域产业学院发展的若干思考[J]．高教探索，2020（03）：23-28.

[13]孙振忠，黄辉宇．现代产业学院协同共建的新模式：以东莞理工学院先进制造学院（长安）为例[J]．高等工程教育研究，2019（04）：40-45.

[14]季瑶娴．高职院校产教融合"三链合一"人才培养模式探索：以浙江商业职业技术学院为例[J]．职教论坛，2020（01）：133-138.

[15]朱艳峰，贺佐成，叶雯，等．基于产业学院的协同育人模式探索与实践[J]．中国职业技术教育，2020（20）：58-63.

[16]许文静，整体性视域下产业学院内部结构的治理逻辑研究[J]．中国职业技术教育，2018（29）：12-16.

[17]李宝银，汤凤莲，郑细鸣．产业学院的功能设计与运行模式[J]．教育评论，2015（11）：3-6.

[18]吴新燕，席海涛，顾正刚．高职产业学院绩效考核体系的构建[J]．教育与职业，2020（03）：27-33.

[19]孙长枰．高职院校治理体系建设的应然与实然比较[J]．职教论坛，2019（05）：149-154.

[20]李艳，王继水．我国产业学院研究：进程与趋势——基于CNKI

近10年核心期刊的文献研究 [J]. 中国职业技术教育，2020（03）：22-27.

[21] 郭金龙，龚绍波，李银春．"互联网 +"时代高职院校学生职业核心素养培育 [J]. 河北职业教育，2019（3）：20-24.

[22] 李光，秦可越．职业教育核心素养培育研究 [J]. 河北大学成人教育学院学报，2019（02）：70-74.

[23] 张忠思．浅谈大学生就业现状与对策研究 [J]. 才智，2021（17）：165-167.

[24] 李宁怡，米靖．高等职业院校创业教育研究综述 [J]. 中国职业技术教育，2017（30）：91-95.

[25] 廖忠智，葛滨，张欢迎．高职院校推进校企合作、产教融合长效机制改革的研究与实践 [J]. 湖南邮电职业技术学院学报，2019（01）：44-46.

[26] 张静．职业教育"产教融合校企合作"政策落地的地方实践 [J]. 中国职业技术教育，2020（16）：49-53.

[27] 顾志祥．产教融合型企业建设的政策演进与路径优化 [J]. 教育与职业．2020（14）：56-61.

[28] 李瑞，陈加强．创新创业驱动下大学生就业指导工作的审视 [J]. 教育与职业．2019（05）：61-64.

[29] 古翠凤，喻晶晶．产教融合背景下"双师双能型"教师团队建设 [J]. 集美大学学报（教育科学版），2018（06）：10-14.

[30] 杨波，戴飞．产教融合视角下高职学生核心能力培养的有效路径研究 [J]. 科技经济市场，2018（11）：123-124.

[31] 周馨维，程望斌，刘硕卿，等. 基于产教融合的人才培养策略与路径研究 [J]. 电子技术，2018，47（12）：56-58.

[32] 成立平，刘春艳. 实训基地产教融合人才培养路径探究 [J]. 职教通讯，2018（12）：56-59.

[33] 卢坤建，周红莉，李作为. 产业学院推进产教深度融合的实践探索：以广东轻工职业技术学院为例 [J]. 职业技术教育，2017（23）：14-17.

[34] 陈鲁雁，刘睿. 论深化学分制改革的关键性问题 [J]. 云南民族大学学报，2020（09）：126-130.

[35] 程莉. 浅谈大学生就业问题 [J]. 高教论坛，2020（08）：290.